Memoranda

Grammatisches Grundwissen Latein

von Thomas Meyer

mit Illustrationen
von Wulf Mißfeldt

Ernst Klett Verlag
Stuttgart München Düsseldorf Leipzig

Kletts Grundwissen für das Fach Latein

Die Reihe umfasst:

Memoranda: Grammatisches Grundwissen Latein
Von Dr. Thomas Meyer, Tübingen
Illustrationen von Wulf Mißfeldt, Kiel
(Klettbuch 6152)
Grund- und Aufbauwortschatz Latein
(Klettbuch 60422)
Grundwortschatz Latein nach Sachgruppen
(Klettbuch 60433)
Lernvokabular zu Caesars *Bellum Gallicum*
(Klettbuch 62961)
Lernvokabular zu Ciceros Reden
(Klettbuch 62971)
Lexikon zur lateinischen Literatur: Fachbegriffe und Autoren
(Klettbuch 60431)

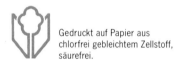 Gedruckt auf Papier aus chlorfrei gebleichtem Zellstoff, säurefrei.

2. Auflage   2 20 19 18 17 | 2009 2008 2007 2006

Dieses Werk folgt der reformieren Rechtschreibung und Zeichensetzung.
Alle Drucke dieser und der ersten Auflage können im Unterricht nebeneinander benutzt werden, sie sind untereinander im Inhalt unverändert.
Die letzte Zahl bezeichnet das Jahr dieses Druckes.
© Ernst Klett Schulbuchverlag GmbH, Stuttgart 1992.
Alle Rechte vorbehalten.

Redaktion: Dr. Helmut Schareika

Einbandgestaltung: Manfred Muraro, Stuttgart
Satz: Lihs, Satz und Repro, Ludwigsburg
Druck: Druckhaus Götz, Ludwigsburg
ISBN 3-12-615200-7

Inhaltsübersicht

	Seite
Zur Benutzung dieses Repetitoriums	5

Beschränkung auf Formenlehre und Syntax – Fachbezeich-
nungen – Merkbeispiele

| Weitere Voraussetzungen des Textverständnisses .... | 6 |

Kontext – Textzusammenhang – Autor – Leserpublikum –
Schreibabsicht

Zur Wiedergabe in zwei Fassungen: L und D	8
Verwendung graphischer Zeichen bei der Texterschließung	9
Zur Betonung	9

Formenlehre

| Das Nomen: Substantiv, Adjektiv, Pronomen .... | 10 |
| Das Verbum .... | 24 |

Satzlehre (Syntax)

Kongruenz	46
Das Nomen im Satz: Kasuslehre	48
Das Verbum im Satz...................................	63
Satzformen und Modus	86
Der Nebensatz	91
Register	107

Abkürzungen

→	siehe, vgl.
◆	
Abl.	Ablativ
Abl. abs.	Ablativus absolutus
Acl	Akkusativ mit Infinitiv
Adj.	Adjektiv
Adv.	Adverb
adv. Best.	adverbiale Bestimmung
Akk.	Akkusativ
Akt.	Aktiv
Dat.	Dativ
Dekl.	Deklination
Fut.	Futur
G I/II	Konjunktiv der Gleichzeitigkeit I/II
Gen.	Genitiv
Imp.	Imperativ
Impf.	Imperfekt
Ind.	Indikativ
Inf.	Infinitiv
Kjtion	Konjunktion
KNG	Kasus-Numerus-Genus(-Kongruenz)
Konj.	Konjunktiv
kons.	konsonantisch
f.	femininum
Fem.	Femininum
m.	masculinum
Mask.	Maskulinum
n.	neutrum
Ncl	Nominativ mit Infinitiv
Ntr.	Neutrum
Obj.	Objekt
P.	Person
Part.	Partizip
Part. coni.	Participium coniunctum
Pass.	Passiv

Perf., Pf.	Perfekt
Pl.	Plural
Plpf.	Plusquamperfekt
PGA	Partizip Gleichzeitigkeit Aktiv
PN	Prädikatsnomen
PNA	Partizip Nachzeitigkeit Aktiv
PVP	Partizip Vorzeitigkeit Passiv
Präd.	Prädikativum
Präs.	Präsens
Pron.	Pronomen
Sg.	Singular
Subj.	Subjekt
Subst.	Substantiv
V I/II	Konjunktiv der Vorzeitigkeit I/II
Vok.	Vokativ

*	*vor einem einzelnen Wort oder einer Wortform:* das Wort kommt in der angegebenen Form nicht vor, sondern ist nur wissenschaftlich erschlossen
<	entstanden aus
>	wird zu
D	Deutsch
L	Latein
E	Englisch
F	Französisch
✹	grammatischer Begriff zur Einprägung
A	Anmerkung
!	wichtiger Hinweis

Zur Benutzung dieses Repetitoriums

Die Beschränkung auf Formenlehre und Syntax

Das Verständnis eines fremdsprachigen, also auch lateinischen Textes hängt von vielen Voraussetzungen ab (→2). Von ihnen sollen in diesem Repetitorium *zwei* herausgegriffen und speziell „trainiert" werden:
1. Kenntnis der Formenlehre;
2. Kenntnis grundlegender Erscheinungen der Syntax (Satzlehre).

Formenlehre: Auch ausgemacht clevere Übersetzungsversuche können daran scheitern, dass eine Form nicht als das erkannt wurde, was sie ist. Daher hier die Darbietung der Formen-*Muster*, die man kennen muss, um sie in den jeweils im Text vorkommenden Formen *wieder* zu erkennen. Die graphische Anordnung, die Hervorhebungen sowie die Erklärungen sollen das Verständnis und die Einprägsamkeit erleichtern.

Syntax/Satzlehre: In der Regel besteht ein Satz nicht nur aus Subjekt – Objekt – Prädikat, sondern enthält Wörter und ganze Wortgruppen, die jeweils spezifische Funktionen im Satz haben, sowohl ihrer grammatischen Funktion wie ihrer Bedeutung nach.

Die Schwierigkeit besteht nun darin,
- Zusammengehöriges als solches zu erkennen,
- die Funktion der Wörter/Wortgruppen im Satz richtig zu deuten.

Wie die vielfältigen Formen sich auf wenige **Musterfälle** zurückführen lassen, so auch die syntaktischen Erscheinungen. Sie werden dir hier in typischen Vorkommensweisen, also in „Musterfällen", vorgelegt, weithin zusammen mit Erklärungen, immer mit grammatischen Fachbezeichnungen, die es ermöglichen, „das Kind beim Namen zu nennen". Zweck dieser Musterfälle ist zunächst einmal, eine eindeutige Klärung der durch sie repräsentierten grammatischen Erscheinungen zu ermöglichen. Das **Beispiel** ist die konkrete Erscheinungsform eines abstrakten grammatischen Sachverhalts; es macht diesen fasslich und vorstellbar. Beides zusammen jedoch, Beispiel und grammatische Erklärung, sollte dir beim Erschließen von Texten gegenwärtig sein, damit es im Einzelfall zu einer Klärung beitragen kann:

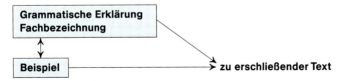

A1 In der Satzlehre sind die **Fachbezeichnungen**, deren Erlernung und Benützung anzuraten ist, durch ein vorangestelltes farbiges ✳ gekennzeichnet; in der Formenlehre nur, soweit konkurrierende Bezeichnungen vorliegen und *einer* der Vorzug gegeben werden sollte. Fachbezeichnungen, die zum Grundwissen gehören, sind in der Regel nicht besonders gekennzeichnet (z. B. Subjekt, Kasus, Prädikatsnomen).

A 2 Wer die abstrakte Fassung eines grammatischen Sachverhalts zuverlässig und dauerhaft in sich aufgenommen hat, ist vom Musterbeispiel nicht mehr abhängig. Mit dieser abstrakten Vorstellung ist es jedoch so eine Sache; sie pflegt schon nach kurzer Zeit undeutlich zu werden oder gar dem Gedächtnis zu entschwinden. Eine Auffrischung ist am leichtesten vom konkreten Beispiel aus möglich, dem Musterbeispiel; seine sichere Einprägung ist das beste Mittel gegen Undeutlichwerden und Abhandenkommen. Das Auswendiglernen wenigstens der grundlegenden **Merkbeispiele** ist dringend zu empfehlen; diese sind **fett** gedruckt.

A 3 Syntaktische Erscheinungen, deren Behandlung bzw. Wiederholung auf die Zeit nach Lektürebeginn verschoben werden kann, da sie seltener vorkommen, sind klein gedruckt.

2 Weitere Voraussetzungen des Textverständnisses

Elementarste Voraussetzung für das Verstehen eines fremdsprachigen Textes sind natürlich ausreichende *Vokabelkenntnisse*. Schwierigkeit dabei: Ihre eigentliche Bedeutung gewinnen Wörter erst aus dem ☀ **Kontext**, d. h. aus dem Zusammenhang und aus dem Zusammenspiel miteinander. Greift man aus einem lateinischen Text, den man noch nicht kennt, irgendeinen Satz heraus und versucht ihn zu übersetzen, so kann es geschehen, dass man zwar den Satzbau richtig erfasst, dass sogar die Vokabeln alle bekannt sind – und dass man doch im Grunde nichts versteht. Es lohnt sich, den Gründen dafür nachzugehen.

Die Satzlehre (Syntax) beschränkt sich, wie ihr Name sagt, weithin auf die Erfassung der Verhältnisse innerhalb *eines* Satzes. Da sich ein Text aus Sätzen zusammensetzt, ist die Syntax mithin unentbehrliche Voraussetzung des Textverständnisses – aber eben *nicht* die *einzige*. Das zeigt sich rasch bei diesem Versuch, einen aus dem Zusammenhang gerissenen Satz zu verstehen. Da finden sich etwa Wörter, die auf vorher Genanntes Bezug nehmen (z. B. ille, inde, posteā) und die nur verständlich sind, wenn man den *vorangehenden* Text kennt und weiß, worauf damit *Bezug genommen* wird. Ebenso können Wörter vorkommen, deren spezifische Bedeutung sich nicht aus dem Satz selbst, sondern aus dem Kontext ergibt; so kann mit sīgnum ein *Zeichen*, ein *Legionsadler* oder eine *Götterstatue* gemeint sein und Wörter, die man zu kennen glaubt, können durch die vorangegangenen Sätze eine spezifische Färbung (eine *Konnotation*) erhalten haben, ohne deren Kenntnis man den aus dem Zusammenhang gelösten Satz von vornherein nicht verstehen kann.

So ist das Verständnis des *vorangehenden* Textes in aller Regel unabdingbare Voraussetzung für das Verständnis eines *folgenden* Satzes; es kann aber auch vorkommen, dass ein etwas vage oder überraschend formulierter Satz in seiner Aussage erst durch den *Fortgang* des Textes präzise fassbar wird.

Einerseits baut sich also Textverständnis auf durch die richtige Erfassung der einzelnen Sätze, andererseits werden die einzelnen Sätze aber erst verständlich durch die genaue Beobachtung ihrer vielfachen *Verflechtung in den Textzusammenhang.*

Dazu kommt noch ein Weiteres. Jeder Autor, der antike wie der moderne, spricht zu *Zeitgenossen*. Was er bei ihnen als bekannt voraussetzen kann, führt er nicht näher aus; er begnügt sich gegebenenfalls mit Anspielungen oder kommentarloser Nennung. So waren dem antiken Leser die griechische Sagenwelt, die römische Geschichte, die geographische Umwelt und die zeitgenössische Kultur weithin bekannt, oft bis hin zu entlegenen Details, während wir, zweitausend Jahre später, diese Dinge im Zweifelsfall erst ermitteln oder nachschlagen müssen.

Was schließlich auch in die Texte eingeht, zum Teil ohne ausdrücklich thematisiert zu werden, ist die *Person und Biographie des Autors*. Für das Textverständnis ist es wichtig zu wissen, was es mit der sozialen Herkunft des Autors, seinen Erfahrungen, seiner geistigen Welt, vielleicht auch seinen charakterlichen Eigenheiten auf sich hat; genauso muss man bedenken, welches *Leserpublikum* er anvisiert und welche *Absichten* er mit seinem Schreiben verfolgt.

3 **Zur Wiedergabe in zwei Fassungen: *L* und *D***

Es gibt Erscheinungen der lateinischen Syntax, die wir ohne weiteres verstehen können, weil das Deutsche dieselben Strukturen gebraucht. Es gibt jedoch andererseits auch lateinische Strukturen, die so vollkommen von denen des Deutschen abweichen (z. B. der Ablativus absolutus), dass wir sie nur mit den – notwendigerweise abstrakten – Formulierungen der Grammatik beschreiben und erläutern können. Ein direkter Weg zu ihnen vom Deutschen aus ist nicht möglich.

Zwischen diesen beiden Extremen gibt es jedoch eine Gleitzone. Eine Reihe von Erscheinungen der lateinischen Syntax kann im Deutschen zumindest *annähernd* strukturgleich wiedergegeben werden. Vorteil einer solchen Wiedergabe ist, dass sie unmittelbares Verstehen ermöglicht, also auch dann zum Ziel führt, wenn (zunächst) der Begriffsapparat der Grammatik nicht „eingeschaltet" wird; dieses dem Lateinischen nachgebildete Deutsch wird hier als *L-Fassung* bezeichnet. Nachteil ist freilich, dass es sich nur um einen *vorläufigen* Verstehens*versuch* handelt, dem in der Regel noch eine Umwandlung in „normales", d. h. *unseren* Sprachregeln folgendes Deutsch folgen muss, die *D-Fassung*.

Noch einmal: Der Vorzug der L-Fassung ist, dass sie einen direkten Zugriff auf das, was dasteht, ermöglicht, also gewissermaßen „hautnah" am Text bleibt. Ist dieses grundlegende Verständnis gegeben, so fällt es nicht mehr schwer, eine passende deutsche Übersetzung zu finden; die hier vorgelegte D-Fassung ist jedenfalls nur *eine* Möglichkeit von mehreren.

A Bei der möglichst strukturgleichen L-Fassung muss gelegentlich im Deutschen etwas ergänzend hinzugefügt werden. Solche Ergänzungen werden durch ⟨ ⟩ gekennzeichnet.

Zur Verdeutlichung des Gemeinten ein Beispiel: der Dativus possessivus (→**81**).

| Patrī meō domus est. | L Meinem Vater ist ein Haus ⟨zu eigen⟩.
D *Meinem Vater gehört ein Haus.*
Mein Vater hat/besitzt ein Haus. |

! Achtung beim Konjunktiv: →**153**

8

Verwendung graphischer Zeichen bei der Texterschließung　**4**

Zum Ermitteln von Wortgruppen, Zusammengehörigkeit, Abhängigkeit usw. kann der Bleistift beim Lesen lateinischer Texte wertvolle Hilfe leisten; Vermutungen können eingetragen, aber ebenso leicht wieder ausradiert und berichtigt werden. Die Verwendung folgender Zeichen ist zu empfehlen:

● Klämmerchen von ⌊unten⌋ für die ✳ *satzwertigen Konstruktionen* (AcI, Prädikativum, Abl. abs.). Diese vom deutschen Satzbau abweichenden Konstruktionen bereiten gewöhnlich die meisten Schwierigkeiten, sind aber für das Satzverständnis zentral wichtig.
● Klämmerchen von ⌜oben⌝ für sonstiges Zusammengehörige, z. B. ⌜vir māgnō ingeniō⌝.
● *Wenn* benötigt:
– *einfache* Unterstreichung des Hauptsatz-Subjekts;
– *doppelte* Unterstreichung des Hauptsatz-Prädikats;
– *Pfeil* aufs Beziehungswort (z. B. von sē aufs übergeordnete Subjekt);
– *Schrägstrich:* Nahtstelle zwischen Gliedsatz bzw. Gliedsätzen und Hauptsatz.

Anwendungsbeispiel:

G̲e̲r̲m̲ā̲n̲ī̲ ⌜post tergum⌝ clāmōre audītō⌋, / cum ⌊suōs interficī⌋ vīdērent, ⌊armīs abiectīs sīgnīsque mīlitāribus relictīs⌋ s̳ē̳ ⌜ex castrīs⌝ e̲i̲ē̲c̲ē̲r̲u̲n̲t̲, et, cum ⌜ad cōnfluentem Mosae et Rhēnī⌝ pervēnissent, / ⌊reliquā fugā dēspērātā, māgnō numerō interfectō⌋ reliquī s̳ē̳ ⌜in flūmen⌝ p̲r̲a̲e̲c̲i̲p̲i̲t̲ā̲v̲ē̲r̲u̲n̲t̲ atque ibi ⌊timōre, lassitūdine, ⌜vī flūminis⌝ oppressī⌋ p̲e̲r̲i̲ē̲r̲u̲n̲t̲. (Caesar BG IV 15,1)

Zur Betonung　**5**

Ein lateinisches Wort kann nur auf der *zweitletzten* oder *drittletzten* Silbe betont sein. Die „Spielregel" lautet: Ist die zweitletzte Silbe lang, so wird *sie* betont; ist sie kurz, so wird die drittletzte betont.
Wann jedoch ist eine Silbe lang?
● Wenn es üblich ist, ihren Vokal lang auszusprechen (sog. *Naturlänge*); vgl. im D etwa *Grube* oder *legen*.
● Doppelvokale (Diphthonge), im Lateinischen fast nur ae und oe, sind immer lang.
Ein Vokal wird hier (wie auch im Lexikon) jeweils durch einen liegenden Strich als lang gekennzeichnet, z. B. laudāre, laudāvērunt. In den wenigen Fällen, wo Kürze eigens gekennzeichnet wird, geschieht dies durch einen kleinen Bogen über dem Vokal, z. B. tĕnĕbrae.
● Wenn auf einen kurzen Vokal zwei (oder mehr) Konsonanten oder der Doppelkonsonant x (≈ cs oder gs) folgt; man nennt dies *Positionslänge* (d. h. Stellungs-Länge). Ein /r/ an zweiter Stelle bewirkt allerdings keine Positionslänge.
Also: contḗntus, amplḗxus, aber tĕnĕbrae.

9

Formenlehre

Das Nomen: Substantiv, Adjektiv, Pronomen

6 **Übersicht über die Deklinationsgruppen**
siehe Falzblatt am Ende des Buches

! ● Der Ablativ Plural lautet in allen Deklinationen gleich wie der Dativ Plural.
● Für alle Neutra gilt: Der Akkusativ lautet gleich wie der Nominativ.
● Alle Neutra enden im Nominativ und Akkusativ Plural auf -a.
● Nur die o-Deklination hat einen eigenen Anrede-Kasus: den ☀ Vokativ auf -e:
amīce „*mein Freund!*", domine „*o Herr!*" (abgeschwächt aus *amīcŏ, *dominŏ usw.). Bei Eigennamen auf -ius wird im Vokativ -ie zu -ī verschmolzen; Lūcius: Lūcī, Pompēius: Pompēī.
Beachte zu meus fīlius: mī fīlī.

7 **Die ☀ a-Deklination** (1. Deklination)

Beispiel: puella, -ae f. *(das) Mädchen*
Stamm: puella-

	Singular	Plural
Nom.	puella	puellae (<puella-i)
Gen.	puellae (<puella-i)	puellā-rum
Dat.	puellae (<puella-i)	puellīs (<puella-is)
Akk.	puella-m	puellā-s
Abl.	puellā	puellīs (< puella-is)

8 **Die ☀ o-Deklination** (2. Deklination)

a) Beispiel für m.: amīcus, -ī *(der) Freund*
Stamm: amīco- (!)

	Singular	Plural
Nom.	amīcus (<amīco-s)	amīcī (< amico-i)
Gen.	amīcī (<amīco-i)	amīcō-rum
Dat.	amīcō (<amīco-i)	amīcīs (<amico-is)
Akk.	amīcum (<amīcom)	amīcō-s
Abl.	amīcō	amīcīs (< amico-is)

b) Beispiel für n.: verbum, ī *(das) Wort*

	Singular	Plural
Nom.	verbum	verba
Gen.	verbī	verbōrum
Dat.	verbō	verbīs
Akk.	verbum	verba
Abl.	verbō	verbīs

Hierzu gehören die Kasus des Gerundiums (→**60**).

Adjektive der a-/o-Deklination **9**

Beispiel: iūstus, -a, -um *gerecht*

	Singular			Plural		
	m.	f.	n.	m.	f.	n.
Nom.	iūstus	iūsta	iūstum	iūstī	iūstae	iūsta
Gen.	iūstī	iūstae	iūstī	iūstōrum	iūstārum	iūstōrum
Dat.	iūstō	iūstae	iūstō	iūstīs	iūstīs	iūstīs
Akk.	iūstum	iūstam	iūstum	iūstōs	iūstās	iūsta
Abl.	iūstō	iūstā	iūstō	iūstīs	iūstīs	iūstīs

Hierzu gehören das Partizip der Vorzeitigkeit Passiv (→**62**), das Partizip der Nachzeitigkeit Aktiv (→**62**) und das Gerundivum (→**62**).

Einzelne Substantive und Adjektive der o-Deklination lauten im **Nom. Sg. auf** **10**
-er, z. B.:

vesper, erī *Abend*
ager, agrī *Acker*
miser, misera, miserum *elend*
pulcher, pulchra, pulchrum *schön*

Die ☀ Dritte Deklination

Zur dritten Deklination gehören die *konsonantische Deklination*, die *i-Deklination* und die sog. *Mischklasse*.

Die ☀ Konsonantische Deklination **11**

a) Beispiel: rēx, rēg-is m. *(der) König*
Stamm: reg- (endet auf Konsonant!)

	Singular	Plural
Nom.	rēx (<reg-s)	rēg-ēs
Gen.	rēg-is	rēg-um
Dat.	rēg-ī	rēg-ibus
Akk.	rēg-em	rēg-ēs
Abl.	rēg-e	rēg-ibus

Die Substantive der konsonantischen Deklination haben im **Nom. Sg. teils ein -s** (Beispiel rēx), **teils kein -s** (z. B. sōl, sōlis „Sonne"). **Zu den Neutra ➔6**.

b) Zu dieser Gruppe gehören einzelne wenige **Adjektive**, z. B.:
vetus, veteris *alt*
dīves, dīvitis *reich*,
ebenso die **Komparative** (➔**16**).

12 Die ☀ i-Deklination

a) Beispiel: turris, is f. *(der) Turm*
Stamm: turri-

	Singular	Plural
Nom.	turris	turrēs
Gen.	turris	turrium
Dat.	turrī	turribus
Akk.	turrim	turrīs
Abl.	turrī	turribus

Hierzu gehören einige **Neutra** auf -ar, -e oder -al (Merkwort AREAL), z. B. mare „*(das) Meer*" (Abl. Sg. marī, Gen. Pl. marium).

b) Nach der i-Deklination flektieren fast alle **Adjektive** der 3. Deklination. Beispiel: ācer, ācris, ācre *scharf, heftig, spitz* (aber: Akk. Sg. immer ācrem!)

	Singular			Plural	
	m.	f.	n.	m.+f.	n.
Nom.	ācer	ācris	ācre	ācrēs	ācria
Gen.		ācris		ācrium	
Dat.		ācrī		ācribus	
Akk.	ācrem (m.+f.)		ācre	ācrēs/ācrīs	ācria
Abl.		ācrī		ācribus	

Eine Reihe Adjektive hat im Nom. Sg. nur *zwei Formen*, z. B.
ūtilis (m./f.), ūtile (n.)
oder nur *eine Form*, z. B.
audāx (m./f./n.)

c) Die ☀ **Mischklasse** (Typ nāvis, ars und das Partizip der Gleichzeitigkeit Aktiv, z. B. laudāns, ➔**6**) dekliniert im Singular zumeist ganz nach der konsonantischen, im Plural weithin nach der i-Deklination, z. B. Gen. nāvium, artium, laudantium. Der Akk. Pl. kann statt nāvēs, artēs, laudantēs im Anschluss an turrīs auch navīs, artīs, laudantīs lauten.

Die ☀ u-Deklination (4. Deklination)

Beispiel: portus, -ūs m. *(der) Hafen*
Stamm: portu-

	Singular	Plural
Nom.	portus	portūs
Gen.	portūs	portuum
Dat.	portuī	portibus ➧A
Akk.	portum	portūs
Abl.	portū	portibus

Hierzu gehören ganz wenige **Neutra** wie cornū *Horn; Heeresflügel.*

A aus portu-bus

Die ☀ e-Deklination (5. Deklination)

Beispiel: rēs, reī, f. *(die) Sache, (das) Ding*
Stamm: re-

	Singular	Plural
Nom.	rēs	rēs
Gen.	reī	rērum
Dat.	reī	rēbus
Akk.	rem	rēs
Abl.	rē	rēbus

Keine Neutra!

Blick auf alle Deklinationen

1. Nom. Sg. auf -us gibt es in drei Deklinationen:
   o-Dekl.: amīcus, -ī m.
   konsonant. Dekl.: salūs, -ūtis f., tempus, -oris n.
   u-Dekl.: portus, -ūs m.
2. Der Dat. Sg. endete ursprünglich in allen Deklinationen auf -ī. Geschwunden ist dieses i genau genommen nur in der o-Deklination (amīcō, aus amīcoi); der Dativ puellae wurde puellai ausgesprochen.
3. Der Akk. Sg. wird *(außer bei den Neutra!)* in allen Deklinationen durch Stamm + -m gebildet. Dabei hat sich amīco-m zu amīcum verfärbt, in der konsonantischen Deklination musste bei *regm ein Aussprachevokal eingeschoben werden: rēgem.
4. Der Abl. Sg. wird durch den reinen Stamm gebildet, unter Längung des auslautenden Vokals: amīcō, puellā, turrī, portū, rē. Einzige Ausnahme ist die konsonantische Deklination: rēg-ĕ (kurzes e).
5. Die Endung des Gen. Pl. lautet in allen Deklinationen -um; in der a-, o- und e-Deklination wird jedoch zwischen Stamm und Endung noch ein /r/ eingeschoben: puellā-r-um, amīcō-r-um, rē-r-um. *Vor* der Endung erscheint sonst jeweils der reine Stamm (z. B. rēg-um) oder (Mischklasse) ein eingeschobenes /i/.

6. Der Dat. Pl. ist in allen Deklinationen gleich dem Abl. Pl. Indessen hat das Lateinische für diese Kasus im Plural zwei verschiedene Typen von Endungen: bei der a- und o-Dekl. -īs, bei allen übrigen -(i)bus.
7. Der Akk. Pl. wird (außer bei den Neutra) in allen Deklinationen durch Hinzufügung von -s an den gelängten Stamm gebildet, z. B. puellā-s, bei der kons. Dekl. unter Einschiebung des Aussprechvokals -e-: rēg-ē-s. Der Akk. Pl. lautet in der a- und o-Dekl. anders als der Nom. Pl. (puellae – puellās, amīcī – amicōs; in allen übrigen Deklinationen ist er gleich wie der Nom. Pl.).

Die ❉ Komparation (Steigerung) des Adjektivs

> **!** Neben den hier beschriebenen Adjektivtypen gibt es einzelne Adjektive, die die Steigerung mittels verschiedener Stämme durchführen. Man findet sie dann in der Wortkunde oder im Lexikon, z. B. māgnus, māior, maximus.

16 **a-/o-Deklination:** Typ iūstus, -a, -um (➡9)

Normalform (sog. *Positiv*)		❉ **Komparativ**		❉ **Superlativ**
	Genitiv	m./f.	n.	
iūstus (a, um)	iūst ī	iūst ior	iūst ius	iūst issimus, a, um
miser (a, um)	miser ī	miser ior	miser ius	miser rimus, a, um
pulcher (chra, chrum)	pulchr ī	pulchr ior	pulchr ius	pulcher rimus, a, um
		Gen.: -iōris (usw.)		

Das Komparativ-Zeichen **-ior (-ius)** wird ebenso wie die Superlativ-Endung **-issimus** anstelle der Genitivendung angehängt. Die im Nom. Sg. m. auf **-er** endenden Adjektive haben die Superlativ-Endung **-rimus** (aus -simus, Angleichung).
Die Deklination des Komparativs erfolgt nach der konsonantischen Deklination (➡6 und ➡11), die des Superlativs nach der a-/o-Deklination (➡9).
Möglich ist auch ein Komparativ mit magis „*mehr*", z. B. magis arduus.

17 **i-Deklination:** Typ ācer, ācris, ācre (➡12 b)

Normalform		❉ **Komparativ**		❉ **Superlativ**
	Genitiv	m./f.	n.	
gravis, e	grav is	grav ior	grav ius	grav issimus, a, um
ācer (acris, acre)	ācr is	ācr ior	ācr ius	ācer rimus, a, um
facilis, e	facil is	facil ior	facil ius	facil limus, a, um
		Gen. -iōris (usw.)		

Die Bildung des Komparativs erfolgt ebenso wie bei den Adjektiven der a-/o-Deklination. Der Superlativ auf -issimus erscheint nur bei Adjektiven wie gravis und fēlīx, also solchen, die *nicht* auf -er enden.

ācer verhält sich dagegen wie miser: ācer-rimus (aus *acer-simus) wie miser-rimus. Ähnlich auch einige wenige Adjektive auf -ilis: facil-limus (aus *facil-simus). Die meisten Adjektive auf -ilis folgen jedoch dem Normalfall Typ gravis: nōbilissimus, ūtilissimus usw.

Auch hier kommt eine Bildung mit Umschreibung vor, z. B. maximē facilē.

Zum Komparativ

18

Die Bezeichnung kommt von comparāre *„vergleichen"*. Beim Vergleich mindestens *zweier* Gegenstände, Personen usw. ermöglicht es der Komparativ anzugeben, in welchen Merkmalen sie sich voneinander unterscheiden. Beim Vergleich zweier Aufsätze kann sich etwa ergeben, dass der eine *länger* (longior), der andere dafür *besser* (melior) ist.

Wird *nicht* ausdrücklich gesagt, *mit wem* bzw. *womit* verglichen wird, so bedeutet der Komparativ: *mehr als üblich/mehr als zu vermuten war,* z. B.

epistula longior	*ein ziemlich langer Brief*
	ein allzu langer Brief

Zum Superlativ

19

Während mit Komparativ die „Vergleichsstufe" gemeint ist, bedeutet Superlativ „Höchststufe" (von super-ferre *„darüber hinaus tragen"*). Er kann wie im Deutschen dann gebraucht werden, wenn *drei* oder noch mehr Personen bzw. Gegenstände miteinander verglichen werden.

Wird *nicht* gesagt, *mit wem* bzw. *womit* verglichen wird, so ist gemeint: *wesentlich mehr als üblich/als zu erwarten war,* z. B.

epistula longissima	*ein sehr* (außerordentlich) *langer Brief*
	je nach Kontext z. B. auch:
	ein schrecklich langer Brief

Diese Verwendung des Superlativs wird als ☀ **Elativ** bezeichnet (von efferre *„hinaustragen, emporheben"*).

Elativische Bedeutung haben auch Bildungen mit der Vorsilbe per- *(„durch und durch")* und prae- *(„voran, an der Spitze"),* z. B.:

per-:	perdīves	*sehr reich*
	perdīligēns	*sehr sorgfältig*
	permolestus, a, um	*sehr lästig*
prae-:	praeclārus, a, um	*sehr hell, sehr klar, glänzend*
	praegrandis, is, e	*sehr groß*

Die Adverbbildung des Adjektivs

20 **Normalform** *(Positiv)*

● **a-/o-Deklination:** Typ iūstus, a, um (➜**9**)

Nom. m.	Genitiv	**Adverb**
iūstus	iūst ī	iūst ē
miser	miser ī	miser ē
pulcher	pulchr ī	pulchr ē

Anstelle der Genitivendung wird das Signal **-ē** angehängt.
Vereinzelt werden Adverbien auch auf -ō gebildet: rārō *selten*, crēbrō *häufig*, perpetuō *ununterbrochen* usw.

● **i-Deklination:** Typ ācer

Nom. m.	Genitiv	**Adverb**
ācer	ācr is	ācr iter
gravis	grav is	grav iter

An die Stelle der Genitivendung tritt bei diesen Adjektiven das Signal **-iter**. Bei Adjektiven auf -ns, -ntis tritt eine Verkürzung ein, z. B. prūdenter (statt des zu erwartenden *prudentiter), cōnstanter (statt *constantiter).

21 **Komparativ**

Als **Adverb** zum Typ iūstior und ācrior dient der **Akkusativ Singular Neutrum:**

iūs**tius**	*auf gerechtere Weise, gerechter; ziemlich gerecht*
ācr**ius**	*auf heftigere Weise, heftiger; ziemlich, allzu heftig*

Die Bildung eines Adverbs durch den Akk. Sg. n. gibt es in Einzelfällen auch sonst, z. B.

multum	*sehr*	postrēmum	*zum letzten Mal*
prīmum	*zum ersten Mal*	facile	*leicht*

22 **Superlativ**

Erwartungsgemäß wird das Adverb hier wie bei den sonstigen Adjektiven der a-/o-Deklination gebildet:
iūstissimē/miserrimē/pulcherrimē
ācerrimē, gravissimē, facillimē   (nie auf -ō!)

16

Die ✳ Pronominaladjektive **23**

Alle Formen außer Gen. und Dat. Sg. werden nach der a-/o-Deklination gebildet. Für Gen. und Dat. Sg. gilt:

Ūnus, sōlus, tōtus, ūllus, uter, alter, neuter, nūllus, und uterque fordern alle -īus in dem zweiten Falle, und im Dativ enden sie wie aliī mit langem -ī.	ūnus *einer* (vgl. F un)
	sōlus *allein* (vgl. Solo)
	tōtus *ganz* (vgl. total)
	ūllus *irgendein* (vgl. n-ūllus)
	uter *welcher* (von beiden)?
	uterque L *jeder* (von beiden)
	D *beide*
	alter *der eine* (von beiden),
	der andere (vgl. Alternative)
	neuter *keiner* (von beiden)
Gen. Sg. **-īus**	(vgl. neutral)
Dat. Sg. **-ī**	nūllus *keiner* (vgl. null)
	alius *ein anderer*

! Vorsicht vor Verwechselwörtern!

alius, -a, **-ud**	*ein anderer* (Gen. statt alīus meist alterīus)
aliī, -ae, -a	*andere* (Zahl unbestimmt; dagegen
	cēterī *die andern, der ganze Rest*)
aber: aliī – aliī	*die einen – die andern*
alter, -a, -um	1. *der eine* (von beiden, von zweien)
	2. *der andere; der Zweite*

! Uterque cōnsul abest. L Jeder Konsul (von den beiden) ist weg.
D *Beide Konsuln sind abwesend.*

Die Pronomina

✳ **Personalpronomina** **24**

	ich		du		er, sie, es		
					✳ nicht-reflexiv	✳ reflexiv ⯈**A2**	
Nom.	ego	*ich*	tū	*du*	is, ea, id	—	
Gen.	meī	*meiner*	tuī	*deiner*	⯈**26**	suī	*seiner, ihrer*
Dat.	mihi	*mir*	tibi	*dir*	auch: hic	sibi	*sich*
Akk.	mē	*mich*	tē	*dich*	oder ille	sē	*sich*
Abl.	ā mē	*von mir*	ā tē	*von dir*	⯈**29,30**	ā sē	*von sich*
	mēcum	*mit mir*	tēcum	*mit dir*		sēcum	*mit sich*

17

	wir	ihr	sie	
			✳ nicht-reflexiv	✳ reflexiv ▶A2
Nom.	nōs *wir*	vōs *ihr*	iī, eae, ea	—
Gen.	nostrī *unser*	vestrī *euer*	▶26	suī *ihrer*
	nostrum ▶A1	vestrum ▶A1	auch:	
Dat.	nōbīs *uns*	vōbīs *euch*	hī/illī	sibi *sich*
Akk.	nōs *uns*	vōs *euch*	▶29, 30	sē *sich*
Abl.	ā nōbīs *von uns*	ā vōbīs *von euch*		ā sē *von sich*
	nōbīscum *mit uns*	vōbīscum *mit euch*		sēcum *mit sich*

A1 Wenn ✳ partitives Verhältnis (▶86) vorliegt, benützt der Lateiner statt nostrī/vestrī die Plural-Formen nostr*um*/vestr*um*. Also Quis nostrum? *Wer von uns?* Quis vestrum? *Wer von euch?*

A2 Das ✳ Reflexivpronomen kann sich – anders als im Deutschen – auch auf das Subjekt des *übergeordneten* Satzes beziehen. Zu entscheiden ist auf Grund des Textzusammenhangs:

Cōnsul admonuit, ut cīvēs sē adiuvārent.   Der Konsul mahnte, dass die Bürger *ihm* helfen.
Der Konsul mahnte, dass die Bürger *sich* helfen.

✳ Possessivpronomina

25

meus, a, um *mein*   tuus, a, um *dein*
noster, nostra, nostrum *unser*   vester, vestra, vestrum *euer*
Anders als das Deutsche besitzt das Lateinische ein ✳ **reflexives Posses-
sivpronomen der 3. Person**: suus, a, um *sein* (eigener)

Lūcius equum *suum* cōnscendit.	*Lucius besteigt sein* (eigenes) *Pferd.*
Lūcius equum *ēius* cōnscendit (➜**26** ③).	L *Lucius besteigt dessen* Pferd. (Der Besitzer wurde vorher genannt)
	D *Lucius besteigt sein Pferd.* (aber auch „dessen", wenn die Deutlichkeit es erfordert)

✳ Demonstrativpronomina

26

is, ea, id *dieser, diese, dieses/der, die, das*

	Singular			Plural		
Nom.	is	ea	id	iī (eī)	eae	ea (➜**A**)
Gen.		ēius*		eōrum	eārum	eōrum
Dat.		eī			iīs (eīs)	
Akk.	eum	eam	id	eōs	eās	ea
Abl.	eō	eā	eō		iīs (eīs)	

* sprich: ejjus

is, ea, id ist ein *Mehrzweckwort*; es verweist nur auf Personen, Dinge, Sachver-
halte, die in einem (gesprochenen oder geschriebenen) Text genannt werden,
ist also *kein* Wort, mit dem man direkt auf Personen oder Dinge zeigen kann:

① is, ea, id hebt ein Wort hervor:
   (betontes) *der, die, das*; (schwaches) *dieser, diese, dieses*, z. B.

is, quī ...	*derjenige, welcher ...*
ea mulier	*die/diese Frau*
eum librum, quem ...	*dasjenige Buch, das ...*

② Es dient als Personalpronomen der 3. Person: *er, sie, es* (➜**24**), z. B.

Vīdī eam.	*Ich habe sie gesehen.*

③ In den Genitivformen ēius, eōrum/eārum dient das Wort als (nicht-refle-
   xives) Possessivpronomen der 3. Person: *sein, ihr (dessen, deren)*
   (➜**25**).   **A➜**

19

A Lernhilfe: Durch Hinzufügen von „Dinge" kann ea n. Pl. als *„diese Dinge"* eindeutig von ea Nom. Sg. f. *„diese, die"* unterschieden werden. So auch haec *„diese Dinge"*, illa *„jene Dinge"* usw.

27 Wie is dekliniert auch **īdem, eadem, idem** *derselbe, der gleiche* (vgl. „identisch"):
Gen. ēiusdem, Dat. eīdem usw.
Akk. Sg. eundem, eandem, Gen. Pl. eōrundem, eārundem (zur Erleichterung der Aussprache, vgl. cum – condiciō, D Scham – Schande)

28 īdem atque/ac *derselbe wie*
aliter atque/ac *anders als*

Ego idem faciō ac tū.	L „Ich tue dasselbe und auch du."
	D *Ich tue dasselbe wie du.*

Nach Ausdrücken der Gleichheit und Verschiedenheit ist atque/ac mit *wie* bzw. *als* zu übersetzen.

29 **hic, haec, hoc** *dieser, der (hier)*

	Singular			Plural		
Nom.	hic	haec	hoc	hī	hae	haec
Gen.		hūius*		hōrum	hārum	hōrum
Dat.		huic			hīs	
Akk.	hunc	hanc	hoc	hōs	hās	haec
Abl.	hōc	hāc	hōc		hīs	

haec n. Pl. und quae n. Pl. (von quī, quae, quod, **➜34**) sind die einzigen Ausnahmen von der Regel, wonach Neutra im Nom. und Akk. Pl. auf -a enden.
* sprich: hujjus

30 **ille, illa, illud** *dieser, der (dort), jener*

	Singular			Plural		
Nom.	ille	illa	illud	illī	illae	illa
Gen.		illīus		illōrum	illārum	illōrum
Dat.		illī			illīs	
Akk.	illum	illam	illud	illōs	illās	illa
Abl.	illō	illā	illō		illīs	

31 **iste, ista, istud** *dieser da, der da*
Deklination wie ille

hic, ille, iste sind 32
a) *Zeigewörter*, ähnlich dem ausgestreckten Zeigefinger,
b) *Verweiswörter* im Text (wie is, ea, id, →**26**).
Bedeutungsunterschiede sind für uns kaum auszumachen, außer wenn sie zusammen, z. B. paarweise auftreten:
hic – ille: *dieser* (näher) – *jener* (entfernter)
Es gilt dann:

hic bezeichnet das, was der Sprecher als näher liegend betrachtet:

hāc in urbe
a) *in dieser* (unserer) *Stadt*
b) *in dieser* (gerade erwähnten) *Stadt*

ille das, was der Sprecher als ferner liegend ansieht:

illīs temporibus
a) *in diesen* (damaligen oder künftigen) *Zeiten*
b) *in diesen/jenen* (gerade erwähnten) *Zeiten*

iste das, was er in das Umfeld des Angesprochenen rückt (meist zusammen mit tuus/vester), oder es entspricht einem verstärktem is:

Dā mihi istum librum. Iste Catilīna …
Gib mir das Buch da (bei dir). *Dieser Catilina …* (geringschätzig)

ipse, ipsa, ipsum *selbst, sogar* 33

Merkhilfe: ip*se* sel*bst*
Deklination wie iste (außer Nom./Akk. Sg. n.: ips**um**, aber ist**ud**)

a) **rēx ipse**	*der König selbst/persönlich*
b) **sub mūrō ipsō**	*unmittelbar unter/an der Mauer*
c) **Ipse Homērus errāvit.**	*Selbst Homer hat sich geirrt.*

34 **Adjektivisches ☀ Fragepronomen/ ☀ Relativpronomen**
quī, quae, quod *welcher, welche, welches*

	Singular	Plural
Nom.	quī quae quod	quī quae quae („welche Dinge')
Gen.	cūius*	quōrum quārum quōrum
Dat.	cui	quibus
Akk.	quem quam quod	quōs quās quae
Abl.	quō quā quō	quibus

* sprich: cujjus

quī, quae, quod ist – genauso wie das deutsche „welcher" – ein Mehrzweckwort:

a) adjektivisches Fragepronomen: *welcher? welche? welches?*
b) Relativpronomen im Attributsatz: *welcher, welche, welches*
  der, die, das

! Nicht vorschnell mit *der, die, das* übersetzen! Es gibt Fälle, wo nur eine Übersetzung mit *welcher* möglich ist.

c) Pronomen im *weiterführenden Relativsatz* („relativischer Anschluss", →**172**). Am Anfang eines Satzes (also nach Punkt oder Strichpunkt) ist das Relativpronomen häufig mit einem *Demonstrativ*pronomen *(der, die, das; dieser, diese, dieses)* zu übersetzen:

Equitēs imperātōrī nūntiant auxilia venīre. **Quod cum audīvisset** ...	*Die Reiter melden* (meldeten) *dem General, dass die Hilfstruppen kommen.* *Als er **das** gehört hatte* ...

35 **Das substantivische Fragepronomen**

quis *wer?* (m. und f.)	quid *was?*
cūius *wessen?*	
cui *wem?*	
quem *wen?* (m. und f.)	quid *was?*
ā quō *von wem?*	

36 **Das ☀ unbestimmte Pronomen (☀ Indefinitpronomen)**

a) substantivisch adjektivisch
aliquis *irgendwer, irgendeiner* aliquī, aliqua, aliquod *irgendein*
aliquid *irgend etwas*

Aliquis venit.	**Aliquī servus venit.**
Irgendwer kommt.	*Irgendein Sklave kommt.*

b) Nach sī, nisī, nē, num
fallen alle ali- um.

Sī quis venit, . . .	**Sī quī servus venit, . . .**

Durch diesen Zweizeiler ist die Sache am leichtesten einzuprägen. In Wirklichkeit fiel jedoch gar nichts um oder weg, vielmehr hat sich hier der ursprüngliche Sprachzustand erhalten: quis war zugleich auch Indefinitpronomen. Vgl. D: *Wer* steht draußen? und: Es steht *wer* draußen. In diesem Fall (L + D!) ist das Wort unbetont, es lehnt sich an das vorhergehende Wort an.

c) Satz verneint/verneint gedacht:
    quisquam, quicquam   ūllus, a, um

neque quisquam	**sine ūllā spē**
L „und nicht irgendeiner" D *und keiner*	*ohne irgendwelche Hoffnung*

A 1 Vgl. E „There are *some* books", aber: „There aren't *any* books".

A 2 Vorsicht vor Verwechselwörtern!
- quīdam, quaedam, quoddam   *ein bestimmter* (Pl. quīdam *einige*)
  Quīdam ex philosophīs dīxit: *Einer von den Philosophen sagte:*
  „..."   *„..."*
                                   (Sinn des „quīdam": Ich könnte ihn
                                   nennen, sehe aber im Moment
                                   keinen Anlass dazu)
- quīdem   *jedenfalls, jedoch*
- nē ... quidem: nē amīcus quidem   *nicht einmal der Freund*
- quondam   *einst, eines Tages*
- quisque, quidque   *jeder*
  Suae quisque fortūnae fāber est.   *Jeder ist seines Glückes Schmied.*
- Quisquis (subst.), quīcumque (adj.) *wer auch immer; jeder, der*

Das Verbum

37 **Das Gesamtsystem der lateinischen Tempora**

gliedert sich in drei Teilsysteme: das Präsens-System, das *Perfekt-Aktiv-System* und das *Perfekt-Passiv-System*. Für jedes dieser Teilsysteme steht ein eigener Stamm des Verbums zur Verfügung.

Vom *Präsensstamm* werden *Indikativ Präsens, Imperfekt* und *Futur I* gebildet, und zwar im Aktiv wie im Passiv. Das Präsenssystem umfasst fünf Konjugationen.
Der Präsensstamm der im Folgenden gebrauchten Beispiele lautet laudā-, monē-, reg-, capī- und audī-.

Vom *Perfekt-Aktiv-Stamm* werden *Indikativ Perfekt, Plusquamperfekt* und *Futur II (Perfektfutur)* gebildet. Man unterscheidet fünf Typen der Bildungsweise des Perfekts Aktiv, alle jedoch folgen *einer* Art der Konjugation.
Der Perfekt-Aktiv-Stamm der folgenden Beispiele lautet laudāv-, monu-, rēx-, cēp- und audīv- (Deponentien: ➧**63**).

Während im Präsens- und Perfekt-Aktiv-System die Formen durch Zusammensetzung von Stamm und Endung gebildet werden („synthetisch"), bestehen die Formen des Perfekt-Passiv-Systems aus zwei Wörtern („analytische" Bildungsweise): aus dem *Partizip der Vorzeitigkeit Passiv* (oft noch PPP = „Partizip Perfekt Passiv" genannt) und den *Formen des Hilfszeitworts esse*. Auf diese Art werden *Indikativ Perfekt, Plusquamperfekt und Futur II (Perfektfutur) Passiv* gebildet.
In unseren Beispielen lautet das Partizip der Vorzeitigkeit laudātus (a, um), monitus (a, um), rēctus (a, um), captus (a, um) und audītus (a, um). (Siehe aber Deponentien ➧**63**!)

38 Wer ein Verbum wählt, wählt unvermeidlich auch einen **Modus** (Aussage-Weise): **Indikativ, Konjunktiv** oder **Imperativ**.

In Hauptsätzen kommen Konjunktive in lateinischen Texten selten vor; am weitaus häufigsten treten sie in Nebensätzen auf. Diese konjunktivischen Nebensätze sind ihrerseits von einem Verbum abhängig, dem ☀ *Übergeordneten Verbum* (abgekürzt ÜV). Zu diesem stehen sie in einem bestimmten *Zeitverhältnis*, nämlich entweder dem der *Gleichzeitigkeit* oder dem der *Vorzeitigkeit* (zur Nachzeitigkeit ➧**169**).

Der *Präsensstamm* signalisiert *bei Partizipien und Infinitiven* fast ausschließlich das Zeitverhältnis der *Gleichzeitigkeit*, der *Perfektstamm* (im Aktiv und Passiv) die *Vorzeitigkeit*. Ähnlich ist es auch beim Konjunktiv. Die vom *Präsensstamm* gebildeten Konjunktive signalisieren das Zeitverhältnis der *Gleichzeitigkeit*, die vom *Perfektstamm* gebildeten das der *Vorzeitigkeit*, jeweils *im Verhältnis zum übergeordneten Verbum*.

39 Warum nun aber jeweils *zwei* Konjunktive? Das Lateinische unterscheidet **zwei Gruppen übergeordneter Verben**:

einerseits solche im Präsens oder Futur, die man zusammenfassend als **Gegenwartstempora** bezeichnen kann,
auf der anderen Seite solche im Imperfekt, Perfekt oder auch Plusquamperfekt, die **Vergangenheitstempora**.

Nach den Regeln der *Zeitenfolge* (➧**169**) können sich nun die Gegenwartstempora nur mit den Konjunktiven I der Gleichzeitigkeit bzw. Vorzeitigkeit, die Vergangen-

24

heitstempora entsprechend nur mit den Konjunktiven II verbinden. Es bestehen also gleichsam zwei „geschlossene Gesellschaften": die der Gegenwartstempora mit ihren Konjunktiven und die der Vergangenheitstempora. Eine Übersetzung der Konjunktivformen wird in den folgenden Tabellen *nicht* gegeben, da der Gebrauch dieses Modus in L und D stark voneinander abweicht. Dazu **→168−169**.

Das Hilfsverb esse (sum, fuī)

40 bis 41

Da die Formen von esse besonders häufig vorkommen und das Perfekt-Passiv-System die Kenntnis des Präsensstamms von esse voraussetzt, wird das Hilfszeitwort esse vorangestellt. Das bietet zugleich die Möglichkeit, die Bildung der Formen des Perfektsystems Aktiv mit denen des Präsenssystems zu vergleichen und sich Gedanken darüber zu machen, inwiefern eine Art von Gesetzmäßigkeit vorliegt, auch darüber, inwieweit zwischen dem Perfekt-Passiv- und dem Perfekt-Aktiv-System eine gewisse Verwandtschaft besteht, jedenfalls eine größere, als es zunächst den Anschein hat.

Das Präsenssystem von esse

40

und seine Bedeutung für das Perfektsystem

Stamm: es-, s- (vgl. D is-t, s-ind)

		Indikativ		Konjunktiv	
Präs.	Sg.	sum	*ich bin*	sim	
		es		sīs	**G I:**
		est		sit	☀ *Konjunktiv*
	Pl.	sumus		sīmus	*der Gleich-*
		estis		sītis	*zeitigkeit I*
		sunt		sint	(„Konj. Präsens")
Impf.	Sg.	eram	*ich war* (<*es-am)	essem	
		erās	**→41A**	essēs	**G II:**
		erat		esset	☀ *Konjunktiv*
	Pl.	erāmus		essēmus	*der Gleich-*
		erātis		essētis	*zeitigkeit II*
		erant		essent	(„Konj.
				→A	Imperfekt")[1]
Fut. I	Sg.	erō (<*es-o)	*ich werde sein*		
		eris	**→146**		
		erit			
	Pl.	érimus			
		eritis			
		erunt	**→41A**		
Imp.	2.Sg.	es, estō	*sei*	**A** manchmal auch	
	3.Sg.	estō	*er, sie, es soll sein*	forem, forēs usw.	
	2.Pl.	este, estōte	*seid*		
	3.Pl.	suntō	*sie sollen sein*	[1]) Fußnote → S. 26	

Infinitiv
- der Gleichzeitigkeit: esse
- der Vorzeitigkeit: fuisse
- der Nachzeitigkeit: futūrum (am, um) esse oder fore (aus *fo-se)

41 **Das Perfektsystem von esse[2]**

Stamm: fu- (vgl. D „bi-n"!)

		Indikativ		Konjunktiv	
Perf.	Sg.	fu ī	*ich war, ich*	fu eri m	(<*fu esim, ⇢A)
		fu istī	*bin gewesen*	fu eri s	**V I:**
		fu it		fu eri t	☀ *Konjunktiv*
	Pl.	fu imus		fu éri mus	*der Vor-*
		fu istis	(vgl. estis)	fu eri tis	*zeitigkeit I*
		fu ḗrunt	(vgl. sunt)	fú eri nt	(„Konj. Perf.")
Plpf.	Sg.	fu era m	*ich war*	fu isse m	(statt *fu essem)
		fu erā s	*gewesen*	fu issē s	**V II:**
		fu era t		fu isse t	☀ *Konjunktiv*
	Pl.	fu erā mus		fu issē mus	*der Vor-*
		fu erā tis		fu issē tis	*zeitigkeit II*
		fu era nt		fu isse nt	(„Konj. Plpf.")
Fut. II (Per- fekt- futur)	Sg.	fu erō	*„ich werde*		
		fu eri s	*gewesen sein"*		
		fu eri t	⇢**57**		
	Pl.	fu éri mus			
		fu eri tis			
		fú eri nt	(statt *fu ĕrunt)[3]		

A Wenn im Lateinischen ein /s/ zwischen zwei Vokale gerät, wird es zum /r/. Vgl. im Deutschen Fro*s*t – frie*r*en (sog. *Rhotazismus*).

---

[1] „Der Konjunktiv des Imperfekts ist hinsichtlich seines Ursprungs nicht aufgeklärt. Weder formal noch syntaktisch steht er mit dem Indikativ des Imperfekts in Zusammenhang" (Ernst Kieckers). Es *gibt* keinen Konjunktiv Imperfekt, also sollte man diese (irreführende) Bezeichnung auch nicht mehr verwenden.

[2] „Die Ausbildung des ganzen Perfektsystems mit Ausschluss des Indikativs Perfekt geschah wohl im Anschluss an die entsprechenden Formen des Präsenssystems von esse *sein*" (Ernst Kieckers). Den meisten Endungen des Perfektsystems von esse liegt eine Bildesilbe -is- zugrunde, die sich z. B. in fu-is-tī, fuissem und fuisse erhalten hat.

[3] „Der Ausgang ist aus dem Konjunktiv Perfekt entlehnt; so wurde der unbequeme Zusammenfall mit der 3. Pl. Ind. Perf. vermieden" (Ernst Kieckers).

Die fünf Konjugationen

Das Präsens-System

❋ **a-Konjugation – Aktiv**

42

Stamm: laudā-

		Indikativ		Konjunktiv	
Präs.	Sg.	laudō (<*laudao)	*ich lobe*	laud e m **➜A1**	
		laudā s		laud ē s	
		lauda t		laud e t	
	Pl.	laudā mus		laud ē mus	**G I**
		laudā tis		laud ē tis	
		lauda nt		laud e nt	
Impf.	Sg.	laudā ba m	*ich lobte,*	laudā re m **➜A2**	
		laudā bā s	*habe gelobt*	laudā rē s	
		laudā ba t		laudā re t	
	Pl.	laudā bā mus		laudā rḗ mus	**G II**
		laudā bā tis		laudā rē tis	
		laudā ba nt		laudā re nt	
Fut. I Typ: **bo-bi-bu**	Sg.	laudā bō	*ich werde*		
		laudā bi s	*loben*		
		laudā bi t			
	Pl.	laudā bi mus			
		laudā bi tis			
		laudā bu nt			
Imp.		laudā	*lobe!*		
		laudā te	*lobt!*		

A 1 Bei allen andern Konjugationen wird der Konjunktiv G I auf -am, -ās ... gebildet –
warum weicht laudā-re ab?
1. *lauda-am, *lauda-as ... war für den Lateiner anscheinend unbequem zu
sprechen: Zwei a hintereinander gibt es in keinem lateinischen Wort; dagegen
können alle anderen Vokale verdoppelt werden: de-est, iī, co-orīrī, portu-um.
2. Durch den Verzicht auf das -a des Stamms und die Sonderregelung, wonach
die Endung hier -em, -ēs ... lautet, erreicht das Lateinische bequeme Aus-
sprechbarkeit und zugleich völlige Eindeutigkeit; die Formen laudem, laudēs ...
sind mit keiner anderen Form von laudāre zu verwechseln. (Wahrscheinlich hat
das Lateinische hier auf die Konjunktivendungen -im, -īs usw. zurückgegriffen,
die wir von sim (altlat. siem) und velim her kennen; laudem wäre demnach aus
*lauda-iem entstanden.)

A 2 **Merkformel: Infinitiv + Endung,** also: laudāre-m ..., monēre-m ... Diese For-
mel gilt für alle Konjunktive G II.

27

43 ☀ **e-Konjugation – Aktiv**

Stamm: monē-

		Indikativ		Konjunktiv	
Präs.	Sg.	mone ō	*ich mahne*	mone a m	
		monē s		mone ā s	
		mone t		mone a t	
	Pl.	monē mus		mone ā mus	**G I**
		monē tis		mone ā tis	
		mone nt		mone a nt	
Impf.	Sg.	monē ba m	*ich mahnte,*	monē re m ➡**A2**	
		monē bā s	*habe*	monē rē s	
		monē ba t	*gemahnt*	morē re t	
	Pl.	monē bā mus		monē rḗ mus	**G II**
		monē bā tis		monē rē tis	
		monē ba nt		monē re nt	
Fut. I	Sg.	monē bō	*ich werde*		
Typ:		monē bi s	*mahnen*		
bo-bi-bu		monē bi t			
	Pl.	monē bi mus			
		monē bi tis			
		monē bu nt			
Imp.		monē	*mahne!*		
		monē te	*mahnt!*	**A 2** → S. 27	

44 ☀ **a-Konjugation – Passiv**

		Indikativ		Konjunktiv	
Präs.	Sg.	laud or (<*lauda-or) ➡**A**	*ich werde*	laud e r	
		laudā ris	*gelobt*	laud ē ris (-ēre)	
		laudā tur		laud ē tur	
	Pl.	laudā mur		laud ē mur	**G I**
		laudā minī		laud ē minī	
		lauda ntur		laud e ntur	
Impf.	Sg.	laudā ba r	*ich wurde*	laudā re r	
		laudā bā ris	*gelobt,*	laudā rē ris	
		laudā bā tur	*ich bin*	laudā rē tur	
	Pl.	laudā bā mur	*gelobt*	laudā rē mur	**G II**
		laudā bā minī	*worden*	laudā rē minī	
		laudā ba ntur		laudā re ntur	

	Indikativ		Konjunktiv
Fut. I	Sg. laudā b or	*ich werde*	
	laudā́ be ris (-bere)	*gelobt*	
Typ:	laudā bi tur	*werden*	
bo	Pl. laudā bi mur		
bi	laudā bí minī		
bu	laudā bu ntur		

☀ e-Konjugation – Passiv ⑤45

	Indikativ		Konjunktiv	
Präs.	Sg. mone or	*ich werde*	mone a r	
	monē ris	*gemahnt*	mone ā ris (-āre)	
	monē tur		mone ā tur	
	Pl. monē mur		mone ā mur	**G I**
	monē minī		mone ā minī	
	mone ntur		mone a ntur	
Impf.	Sg. monē ba r	*ich wurde*	monē re r	
	monē bā ris	*gemahnt,*	monē rē ris	
	monē bā tur	*ich bin*	monē rē tur	
	Pl. monē bā mur	*gemahnt*	monē rē mur	**G II**
	monē bā minī	*worden*	monē rē minī	
	monē ba ntur		monē re ntur	
Fut. I	Sg. monē b or	*ich werde*		
	monḗ be ris (-bere)	*gemahnt*		
Typ:	monē bi tur	*werden*		
bo	Pl. monē bi mur			
bi	monē bí minī			
bu	monē bu ntur			

A Die Passiv-Endungen sind fast alle leicht zu erkennen: vier enden auf -r, die Endung der 2. P. Pl., -minī, ist unverwechselbar; nur die 2. P. Sg. bereitet Schwierigkeiten: einen Ausgang auf -ris kann es auch im Aktiv geben, etwa bei quaerō (2. P. Sg. quae*ris*, Pass. quaere*ris*) oder pariō (2. P. Sg. p*aris*, Pass. pare*ris*).

! Zur Übersetzung des lat. Passivs (passivisch, reflexiv, aktivisch) **➧149–152**

46 ✳ Konsonantische Konjugation – Aktiv

Stamm: reg-

	Indikativ		Konjunktiv	
Präs.	Sg. reg ō reg i s ➧A reg i t Pl. rég i mus reg i tis reg u nt ➧A	*ich lenke*	reg a m reg ā s reg a t reg ā mus reg ā tis reg a nt	**G I**
Impf.	Sg. reg ēba m ➧A reg ēbā s reg ēba t Pl. reg ēbā́ mus reg ēbā tis reg ēba nt	*ich lenkte,* *ich habe* *gelenkt*	rég ere m rég erē s reg ere t reg erḗ mus reg erē tis rég ere nt	**G II**
Fut. I Typ: **Kameeeeel** 	Sg. reg a m reg ē s reg e t Pl. reg ḗ mus reg ē tis reg e nt	*ich werde* *lenken*		
Imp.	reg e rég ite	*lenke!* *lenkt!*		

A An den konsonantischen Stamm konnten die konsonantischen Endungen nicht angehängt werden, ohne dass Ausspracheschwierigkeiten entstanden wären (z. B. *regt, *regnt); daher die Einschiebung eines Aussprache-Vokals (im Präsens /i/ und /u/, im Imperfekt /e/). Der Einschub des /e/ bei audiēbam (➧**48**) erfolgte in Angleichung an die übrigen Gruppen („Angleichungen" gibt es in allen Sprachen sehr häufig).

☀ Gemischte Konjugation – Aktiv   **47**

Diese Gruppe wird auch „Kurz-i-Konjugation" oder „konsonantische Konjugation mit i-Erweiterung" genannt.

Stamm: capĭ- (teilweise abgeschwächt zu capĕ-)

		Indikativ		Konjunktiv	
Präs.	Sg.	capi ō	*ich fange*	capi a m	
		capi s **→A**		capi ā s	
		capi t		capi a t	
	Pl.	cápi mus		capi ā mus	**G I**
		capi tis		capi ā tis	
		capi u nt		capi a nt	
Impf.	Sg.	capi ēba m	*ich fing,*	cápe re m **→A**	
		capi ēbā s	*ich habe*	cape rē s	
		capi ēba t	*gefangen*	cape re t	
	Pl.	capi ēbá mus		cape ré mus	**G II**
		capi ēbā tis		cape rē tis	
		capi ēba nt		cápe re nt	
Fut. I	Sg.	capi a m	*ich werde*		
Typ:		capi ē s	*fangen*		
Kameeeeel		capi e t			
	Pl.	capi é mus			
		capi ē tis			
		cápi e nt			
Imp.		cape **→A**	*fang!*		
		capi te	*fangt!*		

A Die eingerahmten Formen sind ebenso gebildet wie die der konsonanti-schen Konjugation, wogegen alle anderen bei der i-Konjugation ihre Ent-sprechung finden. Zum Konjunktiv G II vgl. unsere Merkformel: Infinitiv + Endung!

(Sprachgeschichtlich gesehen ist es so, dass sich das Stamm-i am Wortende und vor /r/ zu /e/ abschwächt.)

48 ✳ **i–Konjugation – Aktiv**

Stamm: audī-

	Indikativ		Konjunktiv	
Präs.	Sg. audi ō	*ich höre*	audi a m	
	audī s		audi ā s	
	audi t		audi a t	
	Pl. audī́ mus		audi ā mus	**G I**
	audī tis		audi ā tis	
	áudi unt		audi a nt	
Impf.	Sg. audi ēba m	*ich hörte,*	audī re m	
	audi ēbā s	*ich habe*	audī rē s	
	audi ēba t	*gehört*	audī re t	
	Pl. audi ēbā́ mus		audī rḗ mus	**G II**
	audi ēbā tis		audī rē tis	
	audi ēba nt	**➔46A**	audī re nt	
Fut. I	Sg. audi a m	*ich werde*		
Typ:	audi ē s	*hören*		
Kameeeeel	audi e t			
	Pl. audi ḗ mus			
	audi ē tis			
	áudi e nt			
Imp.	audī	*höre!*		
	audī te	*hört!*		

49 ✳ **Konsonantische Konjugation – Passiv**

Stamm: reg-

	Indikativ		Konjunktiv	
Präs.	Sg. reg or	*ich werde*	reg a r	
	rég e ris **➔A**	*gelenkt*	reg ā ris (-āre)	
	reg i tur		reg ā tur	
	Pl. rég i mur		reg ā mur	**G I**
	reg í minī		reg ā minī	
	reg u ntur		reg a ntur	
Impf.	Sg. reg ēba r	*ich wurde*	rég ere r	
	reg ēbā ris	*gelenkt,*	reg erḗ ris	
	reg ēbā tur	*ich bin*	reg erē tur	
	Pl. reg ēbā mur	*gelenkt*	reg erē mur	**G II**
	reg ēbā minī	*worden*	reg erē minī	
	reg ēba ntur		reg ere ntur	

32

	Indikativ		Konjunktiv
Fut. I Typ: **Kameeeeel**	Sg. reg a r reg é ris ✦**A** (-ēre) reg ē tur Pl. reg ē mur reg ē minī reg e ntur	ich werde gelenkt werden	

A Die 2. P. Sg. im Präsens und Futur I sind buchstabengleich und nur durch die *Betonung* zu unterscheiden, die von der unterschiedlichen Länge der zweitletzten Silbe herrührt.

☀ Gemischte Konjugation – Passiv

50

Stamm: capĭ- und capĕ-

	Indikativ		Konjunktiv	
Präs.	Sg. capi or cápe ris capi tur Pl. capi mur capí minī capi u ntur	ich werde gefangen (✦**47A**)	capi a r capi ā ris (-āre) capi ā tur capi ā mur capí ā minī capi a ntur	**G I**
Impf.	Sg. capi ēba r capi ēbā ris capi ēbā tur Pl. capi ēbā mur capi ēbā minī capi ēba ntur	ich wurde gefangen, ich bin gefangen worden	cápe re r cape ré ris cape rē tur cape rē mur cape rē minī cape re ntur	**G II**
Fut. I Typ: **Kameeeeel**	Sg. capi a r capi é ris (-ēre) capi ē tur Pl. capi ē mur capi ē minī capi e ntur	ich werde gefangen werden		

33

51 ☀ **i-Konjugation – Passiv**

Stamm: audī-

	Indikativ			Konjunktiv	
Präs.	Sg.	audi or	*ich werde*	audi a r	
		audī ris	*gehört*	audi ā ris (-āre)	
		audī tur		audi ā tur	
	Pl.	audī mur		audi ā mur	**G I**
		audī minī		audi ā minī	
		audi u ntur		audi a ntur	
Impf.	Sg.	audi ēba r	*ich wurde*	audī́ re r	
		audi ēbā ris	*gehört,*	audī rḗ ris	
		audi ēbā tur	*ich bin*	audī rē tur	
	Pl.	audi ēbā mur	*gehört*	audī rē mur	**G II**
		audi ēbā minī	*worden*	audī rē minī	
		audi ēba ntur		audī re ntur	
Fut. I Typ: **Kam**ee**eeel**	Sg.	audi a r audi ḗ ris (-ēre) audi ē tur	*ich werde* *gehört* *werden*		
	Pl.	audi ē mur audi ē minī audi e ntur			

⚠ Zur Übersetzung des lat. Passivs (passivisch, reflexiv, aktivisch)
➜**149–152**.

52 **Die Personensignale des Präsenssystems – Übersicht**

	Aktiv		Passiv	
	Singular	Plural	Singular	Plural
1. P.	-ō/-m	-mus	-or/-r	-mur
2. P.	-s	-tis	-ris (-re)	-minī
3. P.	-t	-nt	-tur	-ntur

Fünf der sechs Passivendungen
sind am „r" zu erkennen.

Die wichtigsten Unterschiede zwischen den Konjugationen im Präsenssystem

	Indikativ	Konjunktiv
Präs.	**3. P. Pl.:** lauda- nt mone-nt aber: reg-u-nt capi-u-nt audi-u-nt	mone-am, -ās reg-am capi-am **GI** audi-am aber: laud-ĕm, -ēs
Impf.	Signal: -(ē)ba- laudā-bam, -bās monē-bam reg-ē-bam capi-ē-bam audi-ē-bam	„Inf. d. Gleichzeitigkeit + Personenendung": laudā-rĕ-m, -rēs **GII** usw.
Fut. I	Typ: **bo-bi-bu:** laudā-bō monē-bō (ī-bō) Typ: **Kameeeeel:** audi-am, -ēs usw. capi-am reg-am	

Das Perfektsystem

Das lateinische Perfekt-System ist einfacher als das Präsens-System.

Aktiv:

An den Perfektstamm des Verbs werden jeweils die gleichen Endungen angehängt; der Unterschied zwischen den Konjugationen entfällt. Dafür ist es wichtig, den Perfektstamm des betreffenden Verbums zu kennen. Der Stamm des Verbs ist im Perfekt entweder gleich dem Präsensstamm oder von ihm verschieden. Diese Stämme muss man entweder lernen oder ableiten können. Es gibt **fünf Arten der Perfektbildung**; manchmal sind sie miteinander kombiniert:

1. ☀ **v/u-Perfekt:**   laudāv-ī, monu-ī, petīv-ī (petere)
2. ☀ **Dehnungsperfekt** (Der Stammvokal wird gedehnt):
          vēn-ī (zu vĕnīre); manchmal mit Ablaut:
          ēg-ī (zu ăgere)
3. ☀ **s-Perfekt:**   rēx-ī (<*regs-i, zu rĕgere, kombiniert mit Dehnung)
          rīs-ī (<*rids-i, zu rīdēre)

4. ✳ **Reduplikationsperfekt** (der Anfangskonsonant wird verdoppelt und ein Vokal dazwischengeschoben):

cu-curr-ī (zu currere)
fe-fell-ī (zu fallere, mit Ablaut)

5. ✳ **Stammperfekt** (Perfektstamm = Präsensstamm):

dēfend-ī (zu dēfendere)

Zur Bedeutung des Hilfszeitworts esse für das Perfekt-Aktiv-System ➜**40**.

Passiv:

Das Perfekt-Passiv-System besteht aus den **Formen von** esse (➜**40**) **und** dem **Partizip der Vorzeitigkeit Passiv** (PVP, „PPP", ➜**62**). Dieses Partizip ist erkennbar an den Signalen

-tus, -ta, -tum	laudātus, -ta, -tum
-sus, -sa, -sum	dēfēnsus, -sa, -sum (<*defend-tus)

Es bezeichnet einen in der Vergangenheit für die Gegenwart erreichten Zustand. Daher ist die Bedeutung des lat. Perfekts Passiv je nach Kontext entweder perfektisch oder präsentisch (➜**58**).

55 **Perfekt Aktiv**

	Indikativ		Konjunktiv	
Perf.	Sg. laudāv ī	*ich lobte,*	laudā́v eri m	
	laudāv istī	*ich habe*	laudāv eri s	
	laudāv it	*gelobt*	laudāv eri t	
	Pl. laudāv imus		laudāv éri mus	**VI**
	laudāv istis		laudāv eri tis	
	laudāv ērunt (-ēre)		laudā́v eri nt	
Plpf.	Sg. laudā́v era m	*ich hatte*	laudāv isse m	
	laudāv erā s	*gelobt*	laudāv issē s	
	laudāv era t		laudāv isse t	
	Pl. laudāv erā́ mus		laudāv issē mus	**VII**
	laudāv erā tis		laudāv issē tis	
	laudā́v era nt		laudāv isse nt	
Fut. II (Per-fekt-futur)	Sg. laudā́v erō	„*ich werde*		
	laudāv eri s	*gelobt*		
	laudāv eri t	*haben*"		
	Pl. laudāv éri mus	➜**57**		
	laudāv eri tis			
	laudā́v eri nt			

Perfekt Passiv

`56`

	Indikativ			Konjunktiv		
Perf.	Sg. laudātus (a, um)	sum es est	*ich wurde gelobt, ich bin gelobt (worden)* ➔**58**	Sg. laudātus (a, um)	sim sīs sit	
	Pl. laudātī (ae, a)	sumus estis sunt		Pl. laudātī (ae, a)	sīmus sītis sint	**VI**
Plpf.	Sg. laudātus (a, um)	eram erās erat	*ich war gelobt (worden)* ➔**58**	Sg. laudātus (a, um)	essem essēs esset	
	Pl. laudātī (ae, a)	erāmus erātis erant		Pl. laudātī (ae, a)	essēmus essētis essent	**VII**
Fut. II (Per-fekt-futur)	Sg. laudātus (a, um)	erō eris erit	*„ich werde gelobt worden sein"* ➔**57**			
	Pl. laudātī (ae, a)	erimus eritis erunt				

Das lateinische Futur II (Perfektfutur) wird **im Deutschen** entsprechend den deutschen Sprachregeln mit Perfekt („ich habe gelobt") oder Präsens („ich lobe") wiedergegeben (➔**147**).

`57`

> **!** Das deutsche sog. Futur II „ich werde gelobt haben" dient in den meisten Fällen zum Ausdruck einer Vermutung („Frau Müller wird das erledigt haben").

Anders als das Lateinische **unterscheidet das Deutsche** ein

`58`

- ☀ **Vorgangspassiv:** ich werde bestraft
  ich wurde bestraft
  ich bin bestraft worden
  ich war bestraft worden,
  und ein
- ☀ **Zustandspassiv:** ich bin bestraft
  ich war bestraft

Ein lateinisches Perfekt oder Plusquamperfekt Passiv also ist je nach Zusammenhang und Verbbedeutung (!) mit deutschem Vorgangs- oder Zustandspassiv wiederzugeben. Das Perfekt/Plusquamperfekt drückt hier demnach aus, dass ein in der *Gegenwart* (bzw. Vergangenheit) vorliegender Zustand durch eine Handlung oder Tatsache begründet ist, die in der *Vergangenheit* (bzw. „Vorvergangenheit") liegt (➔**143**).

> **!** Zur Übersetzung der lat. Passivformen allgemein ➔**149–152**

59 bis 62 Die ✳ infiniten Formen des Verbums

Infinit bedeutet „nicht bestimmt" hinsichtlich Person, Numerus, Modus, Tempus (→**115**).

59 Infinitive

Der Infinitiv ist ein ✳ *Verbalsubstantiv*. Im Satz erfüllt er zwei Aufgaben:
- er ist *Subjekt* oder *Objekt*;
- er spielt *innerhalb des AcI* (→**118**) bedeutungsmäßig die *Rolle des Prädikats*.

Das Lateinische kennt sechs Infinitive. Sie haben keine Zeitbedeutung, sondern stehen in einem Zeitverhältnis zum übergeordneten Verb:

Die Anordnung – Früheres links, Späteres rechts – folgt dem Verlauf des Zeitstrahls, →**139**

A Dieser Infinitiv wird aus dem Partizip der Nachzeitigkeit Aktiv (→**62**) + esse gebildet.

60 Der ✳ deklinierte Infinitiv (sog. Gerundium)

Der Infinitiv der Gleichzeitigkeit Aktiv (auch der Deponentien, →**63**) lässt sich mithilfe des auch beim Gerundivum (→**62**) auftretenden Elements -nd- deklinieren.

Nom.	scrībere	das Schreiben, zu schreiben	Errāre hūmānum est.
Gen.	scrībendī	des Schreibens	ars scrībendī (→**117**)
Dat.	scrībendō	dem Schreiben	scrībendō operam dare
Akk.	ad scrībendum	zum Schreiben (nur mit Präp.!)	ad scrībendum parātus (a)
	scrībere	das Schreiben, (zu) schreiben	scrībere discō
Abl.	scrībendō	durch Schreiben	scrībendō glōriam quaerere

Das ☀ Supinum

61

Das sog. Supinum ist ebenfalls ein ☀ *Verbalsubstantiv*, also eine weitere Art Infinitiv. Das Supinum ist vom selben Stamm gebildet wie das Partizip der Vorzeitigkeit Passiv. Es kommen zwei Formen vor:

a) das Supinum auf -um (Akkusativ der Richtung) bei Verben der Bewegung:

salūtātum venīre	*zum Begrüßen kommen, zur Begrüßung kommen, begrüßen kommen*

A Diese Form dient auch zur Bildung eines Infinitivs der Nachzeitigkeit Passiv, z. B. laudātum īrī (Passiv von īre!), →**59**.

b) das Supinum auf -ū (fast ausschließlich bei Adjektiven):

facile dictū	*leicht zu sagen*

Merkhilfe: Supinum auf -um deutsch *zum*
          Supinum auf -ū deutsch *zu*

Die ☀ Verbaladjektive: ☀ Partizip und ☀ Gerundivum

62

Partizipien sind vom Verb abgeleitete Adjektive. Sie stehen (wie die Infinitive) in einem Zeitverhältnis zum übergeordneten Verb.

Die Bezeichnung Partizip kommt von particeps, -cipis „teilhaftig, teilnehmend an". Das Partizip nimmt teil
a) am Verbum, ja es kommt her von ihm;
b) am Adjektiv, denn es ist deklinierbar wie dieses.

Das Partizip erfüllt im Lateinischen **drei Aufgaben**:
● Insbesondere das PVP („PPP"), aber auch das Gerundivum und das PNA *(Partizip der Nachzeitigkeit Aktiv)* dienen zusammen mit Formen von esse der *Bildung von Tempora* (→**56** und hier **A1**);
● es ist (wie ein Adjektiv) *Attribut zu einem Substantiv*; diese Aufgabe ist seltener im Vergleich zur dritten:

- es bildet ein „*untergeordnetes Prädikat*" und wird daher im D insbesondere mit einem Gliedsatz wiedergegeben: ➜**129–132**.

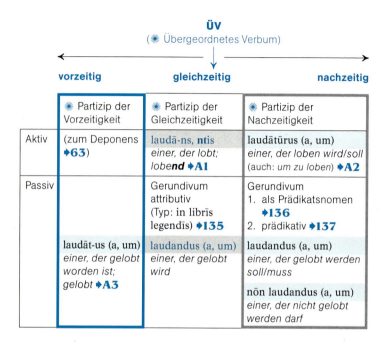

A 1 Formenbildung des Partizips der Gleichzeitigkeit Aktiv:
Präsensstamm (+ Aussprachevokal) + NT + Endung, also:
laudāns, monēns, reg-ē-ns, capi-ē-ns, audi-ē-ns, Gen. -nt-is usw.; ➜**12c**.

A 2 Mithilfe des Partizips der Nachzeitigkeit Aktiv kann der Lateiner Formen bilden wie laudātūrus (a, um) sum *(ich bin im Begriff zu loben, ich werde demnächst loben)*, vor allem aber kann er mithilfe dieser „umschreibenden Konjugation" zum Futur I einen Konjunktiv bilden, den es als „synthetische" (➜**137**) Form nicht gibt: laudātūrus (a, um) sim, sīs, sit usw.

A 3 Das Partizip Typ laudātus, a, um ist gleichzeitig, wenn es einem deutschen Zustandspassiv (➜**58**) entspricht.

63 Die ✺ Deponentien

Deponentien sind Verben, die passive Formen und aktive oder reflexive Bedeutung haben.

Der Name kommt von dēpōnere „*ablegen*" und rührt von der antiken Ansicht her, sie hätten ihre passive Bedeutung „abgelegt", wie man ein Kleidungsstück ablegt. In Wirklichkeit handelt es sich hier um ein „Mittelding" zwischen Aktiv und Passiv, das sog. *Medium*. „Medium" heißt, dass das Subjekt die Handlung *aktiv* auslöst und selbst *passiv* irgendwie von ihr betroffen ist. Typische Medien sind z. B. laetārī *„sich freuen"*, vehī *„sich befördern lassen", „fahren"*, orīrī *„sich erheben", „entstehen"*. Unter den Deponenten gibt es jedoch neben diesen „echten" Medien auch solche, die genau genommen unter falscher Flagge fahren, also z. B. ein Wort wie hortārī, statt dessen man ebenso gut monēre sagen konnte. Irgendwann wurden Deponentien sozusagen „Mode", und so schlossen sich Verben an, die eigentlich nicht dazugehörten.

> **!** Auch die Passivformen von Verben, die Aktiv und Passiv bilden, haben häufig „mediale" Bedeutung: **→149–152**.

Unsere Beispiele für die fünf Konjugationen:

Typ laudāre:	hortārī, hortor, hortātus (a, um) sum	*mahnen*
Typ monēre:	verērī, vereor, veritus (a, um) sum	*fürchten*
Typ regere:	sequī, sequor, secūtus (a, um) sum	*folgen, sich anschließen an*
Typ capere:	patī, patior, passus (a, um) sum	*leiden, dulden, zulassen*
Typ audīre:	largīrī, largior, largītus (a, um) sum	*schenken*

In der Konjugation folgen die Deponentien dem Passiv des jeweiligen Typs. Doch sind *vier Besonderheiten* festzuhalten:

1. Die Deponentien bilden **Imperative**.

hortāre/hortāminī!	*mahne! mahnt!*
verēre/verēminī!	*fürchte! fürchtet!*
séquere/sequiminī!	*folge! folgt!*
pátere/patiminī!	*dulde! duldet!*
largīre/largiminī!	*schenk! schenkt!*

> **!** Achtung, Verwechslungsgefahr: hortāre – Imperativ; laudāre – Infinitiv; ebenso bei den anderen Konjugationen.

> **A** Imperative können zwar auch vom Passiv gebildet werden, doch sind sie äußerst selten.

2. Während das Deponens grundsätzlich aktive Bedeutung hat, bildet es (soweit seine Bedeutung das zulässt) doch *eine* Form, die passive Bedeutung hat: das **Gerundivum**.
   hortandus bedeutet: *einer, der ermahnt werden soll/muss;*
   entsprechend:
   verendus, sequendus *(einer, dem man folgen soll/muss)*, patiendus, largiendus.

3. Die **Infinitive** der Deponentien können **dekliniert** werden (Gerundium, **→60**), also hortārī, Gen. hortandī usw.

4. Vorsicht bei Partizipien wie hortātus und largītus! Sie sehen aus, als ob sie

41

passivisch (→149) wären, sind aber tatsächlich im Allgemeinen **Partizipien der Vorzeitigkeit Aktiv** und stellen somit eine Form dar, die das gewöhnliche Verbum überhaupt nicht bilden kann (→62). Für das Deponens sieht also die Tabelle der Verbaladjektive (Partizip und Gerundivum) folgendermaßen aus:

A Je nach Kontext und Bedeutung des Deponens kann das -tum/-sum-Partizip auch passivisch gebraucht werden, z. B. partītus (a, um) „geteilt" oder trānsgressus (a, um) „überschritten".

Fünf wichtige Verben mit Besonderheiten

① **esse und Komposita**

esse (sum, fuī) →40–41

 posse (possum, potuī) **können**

Die Formen des Präsens, Imperfekts und Futurs bestehen aus dem Element pot (Kurzform zum Adjektiv potis, -e) „mächtig" (vgl. *pot*entia) und den betreffenden Formen von esse:

pot-es L „du bist mächtig" (z. B. der englischen Sprache)

   D *du kannst* (z. B. englisch sprechen)

A Bei den Formen von esse, die mit Vokal beginnen, bleibt die Silbe pot: potest, poteram, poterō. Beginnen sie aber mit s, so ergäbe sich die Abfolge ts (potsum), die sich durch Angleichung des t an das s vereinfachen ließ: possum, possim, possem.

		Indikativ		Konjunktiv	
Präs.	Sg.	pos sum	ich kann	pos sim	
		pot es		pos sīs	
		pot est		pos sit	
	Pl.	pos sumus		pos sīmus	**G I**
		pot estis		pos sītis	
		pos sunt		pos sint	
Impf.	Sg.	pot eram	ich konnte	pos sem	
		pot erās		pos sēs	
		pot erat		pos set	
	Pl.	pot erāmus		pos sēmus	**G II**
		pot erātis		pos sētis	
		pot erant		pos sent	
Fut. I	Sg.	pot erō	ich werde können	Perfekt:	
		pot eris		potuī, potuistī usw.	
		pot erit		Plusquamperfekt:	
	Pl.	pot erimus		potueram usw.	
		pot eritis		Futur II (Perfektfutur):	
		pot erunt		potuerō, potueris usw.	

prōdesse (prōsum, prōfuī) *nützen*　　　　　　　　　　**65**

Die Präposition prō heißt altlateinisch prōd; prōdesse bedeutet ursprünglich „für jemand sein".

		Indikativ	Konjunktiv	
Präs.	Sg.	prō sum	prō sim	
		prōd es	prō sīs	
		prōd est	prō sit	**G I**
	Pl.	prō sumus	usw.	
		prōd estis		
		prō sunt		
Impf.		prōd eram	prōd essem	
		prōd erās	prōd essēs	**G II**
		usw.	usw.	
Fut. I		prōd erō		
		prōd eris		
		usw.		

A Die Formen von prōdesse verhalten sich ähnlich wie die von posse (➜**64**): Wo die Formen von esse mit e anlauten, bleibt das altertümliche d von prōd erhalten; vor mit s anlautenden Formen wird die modernere Form prō benutzt.

43

66 ② **velle** (volō, voluī) **wollen**

		Indikativ		Konjunktiv	
Präs.	Sg.	volō	ich will	velim	
		vīs		velīs	
		vult		velit	
	Pl.	volumus		velīmus	**G I**
		vultis		velītis	
		volunt		velint	
Impf.		volēbam	ich wollte	vellem	
		volēbās		vellēs	**G II**
		usw.		usw.	
Fut. I Typ: **Kameeeeel**		volam volēs usw.	ich werde wollen		

Infinitiv: vel-le <*vel-se
Konjunktiv: G II: vel-lem <*vel-se-m usw.
Der Konjugation von velle folgen

● **nōlle** „nicht wollen" (nōlō aus ne-volō)
Imperativ: nōlī „wolle nicht!"
 nōlīte „wollet nicht!" (➜**158**)
Konjunktiv G II: nōllem usw.
Perfekt: nōluī usw.

● **mālle** „lieber wollen"
(mālō aus magis-volō)
Die Formen des Ind. Präs.
lauten:
mālō, māvīs, māvult,
mālumus, māvultis, mālunt.
Konjunktiv G II: māllem usw.
Perfekt: māluī usw.

67 ③ **īre** (eō, iī, itum) **gehen**

		Indikativ		Konjunktiv	
Präs.	Sg.	eō	*ich gehe*	eam	
		īs		eās	
		it		eat	
	Pl.	īmus		eāmus	**G I**
		ītis		eātis	
		eunt		eant	
Impf.		ībam	*ich ging*	īrem	
		ībās		īrēs	**G II**
		usw.		usw.	
Fut. I Typ: **bo-bi-bu**		ībō ībis usw.	*ich werde gehen*		
Imp.		ī īte	*geh! geht!*		

44

Partizip der Gleichzeitigkeit: iēns, euntis usw.
Deklination des Infinitivs (Gerundium): īre, eundī usw.

A Der Präsensstamm, ursprünglich ei-, wurde vor Vokal zu e-, vor Konsonant zu i-.

(4) **ferre** (ferō, tulī, lātum) *tragen, bringen*   **68**

ferre wird nach dem Typ regere konjugiert, mit Ausnahme im Ind. Präsens:

		Aktiv		Passiv
Präs.	Sg.	ferō		feror
Ind.		fers		ferris
		fert		fertur
	Pl.	ferimus		ferimur
		fertis		feriminī
		ferunt		feruntur
Imp.		fer	*trag!*	
		ferte	*tragt!*	

fers <*feris,
fert <*ferit,
fertis <*feritis:
Verkürzung als
„Abnutzungs-
erscheinung" beim
Sprechen (vgl. D du
hast <*habst, er hat
<*habt); ebenso
ferte <*ferite,
ferris <*fereris,
fertur <*feritur.

A lātum < *tlatum!

(5) **fierī** (fīō, factus sum)   **69**
   a) *werden, entstehen; gemacht werden*
   b) *geschehen*

		Indikativ		Konjunktiv	
Präs.	Sg.	fīō	*ich werde*	fīam	
		fīs	*(gemacht)*	fīās	
		fit		fīat	
	Pl.	fīmus		fīāmus	**G I**
		fītis		fīātis	
		fīunt		fīant	
Impf.		fīēbam	*ich wurde*	fīerem	
		fīēbās	*(gemacht)*	fīerēs	**G II**
		usw.		usw.	
Fut. I		fīam	*ich werde*		
Typ:		fīēs	*(gemacht)*		
Kameeeeel		usw.	*werden*		

Die Formen von fierī dienen auch als Passiv zu facere, das mit dem Präsens-
stamm selbst kein Passiv bildet.
Umgekehrt hilft facere bei fierī aus:
Perfekt: factus sum (usw.).

A Der Stamm fi- von fierī ist mit dem Stamm fu- im Perfekt von esse verwandt.

45

Satzlehre (Syntax)

70 ☀ Kongruenz

Setzt man im Deutschen zu *das Haus* das Adjektiv *neu*, so ergibt sich *das neue Haus*; zum Genitiv *des Hauses* passt jedoch nur *neuen*, also *des neuen Hauses*. Ein solches Zueinanderpassen, eine solche Übereinstimmung nennt man Kongruenz (von congruere *„übereinstimmen, harmonieren"*). Gewöhnlich versteht man unter Kongruenz das Übereinstimmen in **K**asus, **N**umerus und **G**enus (Merkwort: **K**ö**N**i**G**, oder auch einfach **K**o**NG**ruenz; abgekürzt: ☀ *KNG-Kongruenz*).
Eine solche Kongruenz besteht zwischen
- dem ☀ adjektivischen Attribut und dem Substantiv;
- dem ☀ Prädikativum und seinem Beziehungswort;
- dem ☀ Prädikat (einschließlich ☀ Prädikatsnomen) und dem ☀ Subjekt.

A Lautet das Subjekt *ich, du, wir* oder *ihr*, so kongruiert das Prädikat zusätzlich auch in der Person: ego sum laeta (weibl. Sprecher), ... laetus (männl. Sprecher) usw.

Der Lateiner kann so mithilfe seines Flexionssystems Wörter und Satzteile eng miteinander verzahnen und gibt dadurch über die Sinn-Zuordnung der Wörter hinaus eine zusätzliche Verstehensstütze. Doch Vorsicht: es gibt nicht wenige Fälle formaler Mehrdeutigkeit, die nur durch *Beachtung des Satzsinnes* insgesamt und darüber hinaus *seines Kontextes* entschieden werden können.
Immerhin lassen sich Kasusendungen, die mehrdeutig sind (z. B. dominae), oft durch das zugehörige adjektivische Attribut eindeutig bestimmen (etwa: dominae prūdentēs/ dominae prūdentī).

⚠ Die Kongruenz erleichtert das Verstehen – sie schafft „Verzahnungen" zur Zuordnung von Wörtern.

Doch was geschieht, wenn etwa das Subjekt sīgna et imāginēs (m.+f.) lautet und ein Prädikat im Perfekt Passiv dazu stimmen soll? Wie sich der Lateiner in solchen Fällen aus der Affäre zieht, soll hier nicht im Einzelnen ausgeführt werden: du kannst jeweils nach kurzem Überlegen selbst dahinter kommen. Lediglich zwei *Konfliktfälle* seien erwähnt:

| Pars vulnerātī sunt. | *Ein Teil wurde/wurden verwundet.* | **71** |

Subjekt f. Sg., Prädikat m. Pl. – ist das möglich? Eigentlich nicht. Aber mit pars ist hier eine Mehrzahl *gemeint*, außerdem handelt es sich um Soldaten; daher also ein Verbum im m. Plural. Eine solche Konstruktion *nicht* nach den grammatischen Gegebenheiten, sondern *nach dem Sinn* nennt man cōnstrūctiō ad sēnsum. (Häufig auch im D, z. B. „eine Reihe Leute klatschten Beifall".)

| **Hic amicus meus est.** | L Dieser ist mein Freund. | **72** |
| Prädikatsnomen | D *Dies/Das ist mein Freund.* |

Ist das Subjekt ein Pronomen, so muss sich dieses nach dem Prädikatsnomen richten.
Im Falle des Relativpronomens kann dies zu einem recht eigenartigen Ergebnis führen:

| Athēnae, quod est caput Graeciae, ... | *Athen, welches die Hauptstadt Griechenlands ist, ...* |

Ein echtes Dilemma: Richtet sich das Relativpronomen, wie es die „Spielregel" erfordert, in Numerus und Genus nach seinem Beziehungswort, dann muss es heißen: Athēnae, quae ... – aber dann ist das Subjekt des Relativsatzes ein f. Pl., das Prädikatsnomen dagegen ein n. Sg., also „so inkongruent wie möglich". Folgt jedoch das Relativpronomen der Regel, wonach sich ein pronominales Subjekt nach dem Prädikatsnomen richtet, so ist seine NG-Kongruenz mit dem Beziehungswort dahin. Offenbar hat der Lateiner dies als das geringere Übel angesehen – warum wohl?

※ Klammerstellung

73

| **tuus in mē amor** | *deine Liebe zu mir* |
| Cicerōne in exilium missō | *als Cicero ins Exil geschickt worden war* |

Zusammengehörende Wörter, erkennbar an der Kongruenz, umklammern im L oft weitere Wörter, mit denen sie eine größere Sinneinheit bilden (➜ auch **114**).

Das Nomen im Satz: Kasuslehre

74 In der **Verwendung der Kasus** sind das Lateinische und Deutsche (natürlich außer beim Ablativ, ➜**94–109**) weithin gleich.

> **!** Öfter folgt jedoch einem lat. Verb ein anderer Kasus als im D, z. B. aqua mē (Akk.) dēficit – *mir* (Dat.) *fehlt Wasser.*

> **!** Grundsätzlich musst du damit rechnen, dass ein lat. Kasus im D mit Präposition + Kasus wiederzugeben ist, z. B. timor ferārum (Gen.) – *Furcht **vor** wilden Tieren* oder vītae discere – ***für** das Leben lernen.* Das gilt insbesondere auch für den Ablativ.

Der Akkusativ

75 Der Akkusativ bezeichnet im Lateinischen hauptsächlich
- das Objekt auf die Frage: *wen?* (aber: **74** **!**)
- die Ausdehnung in Raum und Zeit (*wie lang? wie lange?* usw.)
- die Richtung (*wohin?*)

In diesen drei Fällen gebraucht das Deutsche weithin ebenfalls den Akkusativ.

76 **Akkusativ der ☀ Ausdehnung und der Richtung**

räumliche Ausdehnung:	**ūnum pedem lātus (a, um)**	*einen Fuß breit* (Adjektiv + Akk.)
zeitliche Ausdehnung:	**ūnum diem vīvere**	*einen Tag* (lang) *leben*

„Wie hoch? Wie tief? Wie lang? Wie breit?
Wie weit? Wie alt? Wie lange Zeit?"
Akkusativ all dies bedeut't!

Dieser Kasusgebrauch ist
im L und D sprachgleich!

„Scabellum ūnum pedem lātum est!"

Richtung:	**Rōmam**/Corinthum/Athēnās/Carthāginem **proficīscī, īre**
	***nach** Rom/Korinth … aufbrechen, gehen*

D: Präposition!

✺ **Doppelter Akkusativ** des Objekts und Prädikatsnomens ⓻⓻

Rōmānī Cicerōnem cōnsulem creāvērunt.	*Die Römer wählten Cicero als Konsul/zum Konsul.*

Doppelten Akkusativ
haben bei sich im Aktiv:
haben, halten für, erkennen,   habēre, putāre, cōgnōscere
wählen, machen zu, ernennen,   creāre, reddere, dīcere
ferner nennen und erklären,   appellāre, nōmināre
auch: sich zeigen, sich bewähren. sē praebēre, sē praestāre

Im Passiv ergibt sich in diesen Fällen (➜**77**) ein ✺ **doppelter Nominativ** ⓻⓼

Cicerō cōnsul creātus est.	*Cicero wurde zum Konsul gewählt.*

Doppelter Akkusativ des Objekts und Prädikativums: ⓻⓽
✺ **Akkusativ mit Partizip** (AcP)

Videō tē venientem.	L „Ich sehe dich ⟨als⟩ kommenden." D *Ich sehe dich kommen.*

AcP kann vor allem bei Verben des Sehens und Hörens stehen. Die gleiche Aussage ist als AcI (➜**118**) möglich: Videō tē venīre.

Der Dativ

Der Dativ kann hauptsächlich dreierlei bezeichnen: ⓼⓪
● das Objekt auf die Frage: *wem?* (aber: ➜**74** |!|)
● die Angabe, *wem zum Vorteil* oder *Nachteil* etwas geschieht, auf die Frage: *für wen* (nützlich oder schädlich)?
● die Angabe, zu welchem Endergebnis etwas führt *(Wirkung)* oder führen soll *(Zweck)*, auf die Frage: *wozu?*
Der Dativ kommt aber auch in anderen als diesen Fällen vor. Zum Dativ merke besonders:

Dativ des ✺ Besitzers
(✺ Datīvus possessīvus)

Patrī meō	**domus est.**	L Meinem Vater ist ein Haus ⟨zu eigen⟩.	⓼①
bekannt	neue Information	D *Meinem Vater gehört ein Haus.* *Mein Vater hat/besitzt ein Haus.*	

49

Bei dieser Formulierung geht es darum, *ob* jemand etwas besitzt und *was* er besitzt. Dieser Jemand steht im Dativ – er gilt im Zusammenhang als bekannt. Was ihm gehört, bildet eine neue Information, ausgedrückt mit Nominativ (Subjekt) und einer Form von esse (Prädikat).

A Vorsicht! Die Übersetzung: *„Das Haus gehört meinem Vater"* ist falsch! Dies hieße lateinisch: Domus patris est (→**87**).

|!| Der Ausdruck „Dativ + esse" ist im L die ursprüngliche Ausdrucksweise für „haben" und daher grundsätzlich statt eines Ausdrucks mit habēre (oder possidēre) möglich.

82 Dativ des ✷ Vorteils/Nachteils
(Datīvus commodī/ incommodī)   „für-wen-Dativ"

| **Tibi, nōn ducibus vīvis!** | *Für dich, nicht für die Führer lebst du!* |

83 ✷ Täterdativ (beim Gerundivum) (Datīvus auctōris) →**136**

| **Mihi liber legendus est.** | L „Für mich ist das Buch ein zu lesendes." |
| | D *Ich muss das Buch lesen. Ich habe das Buch zu lesen.* |

84 Dativ des ✷ Zwecks und der Wirkung (Datīvus fīnālis)   „wozu-Dativ"

Wirkung: von selbst eintretendes Endergebnis
Zweck: beabsichtigtes Endergebnis

a) esse mit ✷ doppeltem Dativ:

| **Hoc tibi perniciēī est.** | L Das ist dir zum Verderben. |
| (Wirkung!) | D *„Das dient/gereicht dir zum Verderben." Das ist für dich vernichtend/ eine Katastrophe.* |

b)

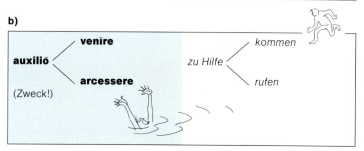

auxiliō ⟨ venīre / arcessere ⟩   zu Hilfe ⟨ kommen / rufen ⟩
(Zweck!)

Der Genitiv

Der Genitiv ist allgemein der *Kasus der Bereichsangabe*. Mit Hilfe der Wendung *„im Bereich von…"* ist es allemal möglich, sich an eine treffende Übersetzung „heranzutasten".
Hauptaufgabe des Genitivs: Er ordnet ein Substantiv als Attribut einem anderen Substantiv zu und bestimmt so dessen „Bereich". Seltener steht er als Objekt bei einem Verb und bestimmt den Wirkungsbereich dieses Verbs.

✳ **Teilungsgenitiv** (✳ Genitīvus partītīvus)

pars hominum	*ein Teil der Menschen*
Quid novī?	L „Was im Bereich des Neuen?"
	D *Welche Neuigkeit?*
hoc bonī	L „dies im Bereich des Guten"
	D *dieses Gute*
ubī terrārum?	L Wo im Bereich der Länder?
	D *Wo auf der Erde?* *Wo in aller Welt?*
multum/plūs/nihil agrī	L „viel, mehr, nichts im Bereich des Ackerlands"
	D *viel/mehr/kein Grund und Boden*

87 Genitiv des ☀ Besitzers (☀ Genitīvus possessīvus)

Haec domus patris est.	L Dies Haus ist im ⟨Verfügungs⟩be-
bekannt neue Information	reich des Vaters.
	D *Dieses Haus gehört dem Vater.*

Bei dieser Formulierung soll Auskunft darüber gegeben werden, wer der Besitzer von etwas ist. Der Gegenstand steht im Nominativ – er gilt im Zusammenhang als bekannt. Die Angabe des Besitzers steht im Genitiv + esse – sie ist die neue Information. Umgekehrt: der Dativus possessivus, ➜**81**. Grammatisch gesehen ist patris Prädikatsnomen zu est, „patris est" also Prädikat.

88 ☀ Genitīvus subiectīvus   ☀ Genitīvus obiectīvus

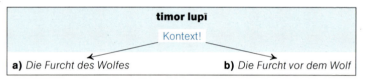

timor lupī

Kontext!

a) *Die Furcht des Wolfes*   **b)** *Die Furcht vor dem Wolf*

Der Wolf empfindet die Furcht; er ist also – logisch gesehen – *Subjekt*   Die Furcht richtet sich auf den Wolf; er ist also – logisch gesehen – *Objekt*.

89 Genitiv bei Adjektiven

Begierig, kundig, eingedenk,   cupidus, perītus, memor
teilhaftig, mächtig, voll   particeps, potēns, plēnus
sie findest du mit Genitiv,   (u. a.)
was jeder wissen soll.

Diese fast altertümlich wirkenden Verdeutschungen müssen in der Regel in modernere Ausdrucksweisen verwandelt werden; sie haben jedoch den großen Vorzug, dass sie das Lateinische *strukturgleich* wiedergeben.

particeps praedae	L der Beute teilhaftig D *an der Beute beteiligt, im Besitz von Beute*
memor prīstinī temporis	L eingedenk der früheren Zeit D *im Gedenken/in Erinnerung an die frühere Zeit*

➡**76** (Adjektive mit Akk.); ➡**97** (Adjektive mit Abl.)

☀ **Bereichsgenitiv als Prädikatsnomen bei** esse　　　　**90**

Cōnsulis est **rem pūblicam bene gerere.**	L „es liegt im Bereich des Konsuls"… D *Es ist Sache (Pflicht, Gewohnheit) des Konsuls, den Staat gut zu führen.*
Sapientiae est **modestē sē gerere.**	*Es ist ein Zeichen von Weisheit, sich bescheiden zu verhalten.*

Genitiv der ☀ **Eigenschaft** (Genitīvus quālitātis)　　　**91**

a) als Genitivattribut:

poētria māgnī ingeniī	*eine Dichterin von großer Begabung, eine sehr begabte Dichterin*
puer novem annōrum	*ein Junge von neun Jahren, ein neunjähriger Junge*

b) als Prädikatsnomen bei esse

Cicerō māgnī ingeniī fuit. Rūfilla novem annōrum est.	*Cicero war sehr begabt. Rufilla ist neun Jahre alt.*

➡**103** (Ablativ der Eigenschaft)

Genitiv des ☀ **Wertes** (Genitīvus pretiī)　　　　**92**

a) als Genitivattribut:

domus māgnī pretiī	L „ein Haus im Bereich hohen Wertes", ein Haus großen Wertes D *ein sehr wertvolles Haus*

b) als Prädikatsnomen bei esse

Haec domus māgnī pretiī est.	*Dieses Haus ist sehr wertvoll.*

➡**99** (Ablativ des Wertes)

93 c) bei emere – vendere,   *einkaufen, verkaufen,*
    aestimāre u. a.   *einschätzen*

domum emere tantī, quantī	*ein Haus kaufen für so viel, wie*
aestimātur	*⟨viel⟩ es taxiert wird*
plūris, minōris emere	*teurer, billiger kaufen*
māgnī aestimāre	*hoch einschätzen*

Dieser Genitiv hat rein adverbiale Funktion.

Der ✳ Ablativ

94 Der Ablativ ist ein *Mehrzweckkasus*, den das Deutsche nicht hat. Seine Aufgaben lassen sich in drei Grundgruppen zusammenfassen:

❶ ✳ Īnstrūmentālis + ✳ Sociātīvus

Der Instrumentalis gibt Auskunft auf die Frage: *womit? wodurch?* Er nennt das *Mittel und Werkzeug* (īnstrūmentum), mit dem etwas bewerkstelligt wird.
Nun kann man „mit dem Hammer" nur dann einen Nagel einschlagen, wenn man *zusammen mit* dem Hammer am Werk ist. Der Sociātīvus (socius „*Begleiter, Gefährte*") ist also, logisch gesehen, im Instrumentalis immer schon enthalten (➜**101**).

❷ ✳ Sēparātīvus (sēparāre: *trennen*)

Ablativ der *Trennung und des Ausgangspunktes*. Er beantwortet die Frage: *woher? von wo aus? wovon weg?* Man kann ihn den „von...weg-Kasus" nennen.
Nichts anderes meint die Bezeichnung Ablativus (von auferre „*wegtragen*"): „Wegtrag-Kasus".

A 1 Die Bezeichnung „Ablativ" trifft also nur einen Teil seiner Bedeutung. Aber viele grammatische Begriffe sind ja (leider!) in der „wörtlichen" Bedeutung höchst unvollkommene Bezeichnungen für das Gemeinte. Beim Ablativ pflegen wir daher dazuzusetzen, um welchen *Gebrauch* es sich jeweils handelt.

❸ ✳ Locātīvus (locus: *Ort*)

Als *Locātīvus* gibt der Ablativ Auskunft auf die Frage: *wo? wann?* Daneben gibt es einzelne Wörter mit Lokativformen auf -ī (➜**108**).

Der Ablativ antwortet also auf Fragen, die völlig verschieden sind:
– *womit?/mit wem zusammen?*
– *weg wovon?*
– *wo? wann?*

Dass es möglich war, alle diese Bedeutungen durch den *einen* Kasus Ablativ auszudrücken, liegt daran, dass der Kontext, v. a. das Verb, seine Bedeutung steuert. Ein Beispiel: Carthāgine kann a) *von Karthago*, b) *in Karthago* bedeuten. In dem Satz „Carthāgine habitō" ist es jedoch unmöglich, „*von Karthago*" zu verstehen: Dies wird durch die Bedeutung des Verbums habitō eindeutig ausgeschlossen.

Zu den genannten drei Grundfunktionen lassen sich *Untergruppen* bilden, da die Einzelausprägungen, in denen der Ablativ vorkommt, sich nicht ohne weiteres aus der jeweiligen Grundfunktion ergeben. Es ist hilfreich, sich die Fachbezeichnungen für diese Untergruppen einzuprägen.

A 2 Man kann vermuten, dass die älteren Formen der indogermanischen Sprachen, zu denen Latein gehört, die Beziehungen allein mit den Kasus beschreiben konnten; doch erwies sich das allmählich als zu unpräzise. So traten im L zu den Kasus Akkusativ und Ablativ immer mehr *Präpositionen*, die den Sachverhalt präzisieren sollten. Die Kasus selbst traten dann im Lauf der Sprachentwicklung immer mehr zurück, während die Präpositionen einen Siegeszug antraten: Vgl. Rōmā venīre – E to come *from* Rome, F venir *de* Rome.

❶ Ablativ des ✻ Mittels und Werkzeugs
(✻ Ablātīvus īnstrūmentālis/īnstrumentī) „womit/wodurch-Ablativ"

95 bis 103

| **pedibus īre** | L sich mit den Füßen („vermittels der Gehwerkzeuge") fortbewegen
D *zu Fuß gehen* | **95** |

Ablativ bei ūtī, fruī, fungī, potīrī   **96**

| **exemplō ūtī** | L sich durch ein Beispiel nützen lassen
D *ein Beispiel benützen* |
| **vītā fruī** | L sich durch seine Lebensführung Genuss verschaffen
D *sein Leben genießen* → S. 56 |

55

mūnere fungī	L sich mit einem Amt beschäftigen
	D *ein Amt ausüben*
urbe potīrī	L sich durch die Stadt mächtig machen
	D *sich der Stadt bemächtigen*

97 Ablativ bei Adjektiven

laude dīgnus (a, um)	L durch Lob geschmückt
	D *Lobes würdig*
celeritāte nāvium cōnfīsus (a, um)	*im Vertrauen auf die Schnelligkeit der Schiffe*
illā sorte contentus (a, um)	*mit diesem Los (Schicksal) zufrieden*

→**76** (Adjektive mit Akk.); **89** (Adjektive mit Gen.)

98 Ablativ des ✴ Unterschieds (Ablātīvus mēnsūrae) (mēnsūra: *das Maß*)

Er bezeichnet den räumlichen und zeitlichen *Unterschied*, soweit dieser durch *Messen* feststellbar ist, und gibt so Auskunft auf die Frage: *um wie viel* (größer/später usw.)

räumlich:	
tribus pedibus māior	*um drei Fuß größer*
zeitlich:	
tribus annīs ante/post	*um drei Jahre früher/später*
paulō post	L um weniges später
	D *kurz darauf*

tribus pedibus maior

99 Ablativ des ✴ Werts (Ablātīvus pretiī)

māgnō (pretiō) **emere**	L mit großem Geldaufwand kaufen
	D *teuer kaufen*

→**92, 93** (Genitiv des Werts)

Ablativ der ※ Beziehung (Ablātīvus līmitātiōnis) 🔵100
(vgl. līmes *Grenzweg, Grenze*; vgl. E limit, D etwa in „Tempo-Limit")

Durch den Ablativ der Beziehung wird eine Behauptung, die sonst allzu weit ginge, eingeschränkt („limitiert"). Er tritt häufig auf bei Ausdrücken wie „gleich sein an ...", „sich unterscheiden in ...".

Tū mihi corporis māgnitūdine pār es, sed ego tē arte superō.	*Du bist mir gleich* (– freilich nicht in jeder Hinsicht, nur) *an Körpergröße, aber ich übertreffe dich an Geschicklichkeit.*
nōmine līber	*(nur) dem Namen nach frei* (in Wirklichkeit jedoch abhängig)

Ablativ der ※ Gemeinschaft 🔵101
(※ Ablātīvus sociātīvus)   „zusammen-mit-Ablativ"

Man kann „mit" einem Werkzeug nur dann etwas ausführen, wenn man es bei sich hat, man also *mit* dem Werkzeug *zusammen* ist. Der Sociativus (socius: „Begleiter, Gefährte") ist also im Instrumentalis immer schon enthalten (➜94).
Auch im deutschen *mit* ist diese Doppelfunktion angelegt: *mit dem Hammer:* Instrumentalis, *mit dem Freund:* Sociativus.

māgnā manū venīre	*(zusammen) mit einer großen Schar kommen*

A Zur Verdeutlichung steht jedoch meist (regelmäßig bei Personen) die Präposition cum: cum amīcō ambulāre – *mit dem Freund spazieren gehen.*

Ablativ der Art und Weise (Ablātīvus modī)

hōc modō/eā ratiōne	*auf diese Weise*
summō studiō	*mit höchstem Eifer*

Der Abl. modi gibt einen begleitenden Umstand an, ist also insofern „soziativ". Vielfach ließe er sich jedoch auch als „reiner" Instrumentalis deuten, also etwa
summō studiō L durch Einsatz höchsten Eifers
Auch hier findet sich cum: māgnā cum dīligentiā

 Ablativ der Eigenschaft
(Ablātīvus quālitātis)
➡91 (Genitiv der Eigenschaft)

a) attributiv

vir māgnō ingeniō	*ein Mann von großer Begabung, ein sehr begabter Mann*

b) als Prädikatsnomen bei esse

Cicerō māgnō ingeniō fuit.	*Cicero war sehr begabt.*

 ❷ **Ablativ der Trennung und des Ausgangspunktes**
(Ablātīvus sēparātīvus)   „von-weg-Ablativ"

Rōmā/Corinthō/Athēnīs/   *von Rom, Korinth ... zurückkehren,*
Carthāgine redīre, fugere   *fliehen*

Abl. separativus steht regelmäßig bei Ortsnamen und den Namen kleinerer Inseln auf die Frage: *woher?* Er findet sich aber auch in anderen Fällen, z. B. caelō cadere – *vom Himmel fallen.*

Der Abl. separativus steht bei Ausdrücken, die ein „Wegsein von" bedeuten oder bewirken!

līber metū	*frei von Furcht*
līberāre metū	*von Furcht befreien*
carēre culpā	*frei sein von Schuld („der Schuld entbehren"), keine Schuld haben*
prīvāre pecūniā	L *vom Geld trennen*
	D *des Geldes berauben*

Ablativ des ✱ Vergleichs
(✱ Ablātīvus comparātiōnis)
(*comparāre vergleichen*)

| **māior frātre** | L „*größer – vom Bruder aus gesehen*" (Der *Bezugspunkt* steht im Ablativ; *von ihm* geht die Betrachtung aus!) D *größer als der Bruder* |

A 1 Statt māior frātre kann der Lateiner auch sagen: māior quam frāter.
A 2 In Verbindung mit dem Abl. des Unterschieds (→98) ergibt sich also: tribus pedibus māior frātre *um drei Fuß größer als der Bruder*

 Ablativ des ✱ Orts und der Zeit
(✱ Ablātīvus locī/temporis)   „wo-wann-Ablativ"

Gewöhnlich steht bei *Ortsangaben* auf die Frage *wo?* eine Präposition mit zugehörigem Kasus; bei **in** und **sub** kann auf die Frage „wo?" *nur* der Ablativ des Ortes stehen, also

| in hāc urbe | *in dieser Stadt* |
| sub arboribus | *unter den Bäumen* |

aber: prope urbem   *nahe bei der Stadt* (→**75** und **110**)

59

Dagegen hat sich der ursprüngliche (→94, A2) präpositionslose Zustand erhalten bei *Namen von Städten* und kleineren Inseln:

Athēnīs, **Carthāgine versārī, habitāre**	*sich in Athen, in Karthago aufhalten, wohnen*

Aber:

108
Rōmae (spr. Rōmai)**, Corinthī habitō**	*ich wohne in Rom, in Korinth*

Bei den singularischen Ortsnamen der a- und o-Deklination haben sich Lokativformen auf -ī erhalten; vgl. auch domī, rūrī, humī, ibī, herī.

A Auch der „Bereichskasus" Genitiv der a- und o-Deklination endet auf -ī (→85). Man konnte so das alte Lokativ-i auch umdeuten als Bereichsangabe: Rōmāī „im Bereich von Rom".

109 Der menschliche Verstand – und damit die Sprache – erfasst *Zeit* nur in Begriffen des Raumes, vgl. „die Zeit steht, verfliegt" usw. Daher kann der Abl. locativus auch zur Bezeichnung von Zeitangaben dienen; dann heißt er ☀ *Abl. temporis.*
Bei Zeitangaben auf die Frage *wann?* steht keine Präposition:

posterō diē	*am folgenden Tag*

110 **Präpositionen**

Merke, dass nach ab, ex, dē cum und sine, prō und prae nur der *Ablativus* steh.

Sub, super, in mit *Akkusativ: wohin?* mit dem *Ablativus* so, dass man nur kann fragen: *wo?*

wohin? – **in** hor**tum** currere
wo? – **sub** arbore sedēre

> [!] Bei allen anderen Präpositionen steht der *Akkusativ*, und zwar ohne Rücksicht darauf, ob *wo?* oder *wohin?* gefragt wird.

A 1 Wie ist dies möglich, wo doch der Akkusativ „von Hause aus" Richtungskasus auf die Frage „wohin?" ist? Nun, ad portam bedeutete zunächst einmal: *„mit Richtung auf das Tor"* (vom Betrachter aus gesehen); stellt sich indes eine Mannschaft „mit Richtung auf das Tor" auf, so stellt sie sich zugleich *„vor dem Tor"* auf. Ähnlich wechselten auch die anderen Präpositionen vom „wohin?" zum „wo?".

A 2 Wie eine Präposition gebraucht werden causā (Abl.) und grātiā (Abl.) *„wegen"*, beide stehen mit Genitiv:

honōris causā	der Ehre wegen
cīvium cōnservandōrum causā	wegen des Schutzes der Bürger, um die Bürger zu schützen
exemplī grātiā	beispielsweise (vgl. engl. „e.g.")

Das ❋ Präpositionalobjekt   111

Multa ex tē saepe quaesīvī.	L Oft habe ich viele Dinge *aus dir* herausgefragt.
	D Ich habe *dich* oft vieles gefragt.

Manche Verben haben statt eines Objekts in einfacher Kasusform ein Objekt aus Präposition + Kasus, ein *Präpositionalobjekt*.

Unterschiedliche Ortsbestimmungen L/D

L *wo?* – D *wohin?*   112

statuam in mēnsā pōnere	L die Statue auf *dem* Tisch aufstellen
	D die Statue auf *den* Tisch stellen

Zur Erklärung: Zunächst steht die Statue irgendwo, dann trägt jemand sie *auf den Tisch zu* (Aspekt der Bewegung: *wohin?*) und setzt sie am Ende *auf dem Tisch* ab (Ruhelage als Endergebnis des Vorgangs: *wo?*).

D *auf den Tisch stellen*   L in mēnsā ponere

Dieser Vorgang umfasst also *zwei Aspekte*: Bewegung *und* Ruhe. Beide Aspekte zugleich kann die Sprache jedoch nicht ausdrücken. Das Deutsche stellt nun die Bewegung in den Vordergrund, das Lateinische die (schließlich erreichte) Ruhe. Beide Sprachen überlassen es dem Hörer, den jeweils nicht genannten anderen Aspekt aus dem Zusammenhang zu ergänzen.

A Entsprechend heißt es etwa:

Spem in virtūte pōnō.	L ich baue die Hoffnung *auf meiner* Tüchtigkeit *auf*.
	D *Ich setze die Hoffnung auf meine Tüchtigkeit.*

! Auch hier gilt also: *Nicht die lateinische* Grammatikstruktur ist zu übersetzen, sondern der dem Sinn nach richtig erfasste Text muss in die *im Deutschen* übliche Ausdrucksweise übertragen werden.

Der Römer stellt die Frage: *wo?*
bei pōnō, locō, collocō,   *setzen, stellen, legen*
statuō, cōnstituō,   *stellen, aufstellen*
cōnsīdō und cōnsistō.   *sich setzen/sich aufstellen*

113 L *wohin?* – D *wo?*

in urbem advenīre	L „in *die* Stadt ankommen"
	D *in der Stadt ankommen*

Wieder die beiden Aspekte *Bewegung* und (schließlich erreichte) *Ruhe* – nur verhalten sich Latein und Deutsch hier genau umgekehrt wie bei **112**.

Wohin? frag stets bei contrahō,   (Truppen) *zusammenziehen*
concurrō, cōgō, cōnferō,   *zusammenlaufen/versammeln/sich begeben*
adveniō, conveniō,   *ankommen/zusammenkommen*
appellō, abdō, nūntiō.   *landen/verstecken/melden*

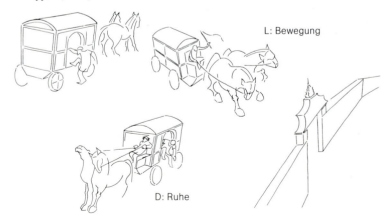

Das ✳ Präpositionalattribut

Präpositionalattribute sind im Lateinischen selten, z. B.

aditus ad portum	*der Zugang zum Hafen*
homō dē plēbe	*ein Mann aus dem Volk*

Häufig benützt der Lateiner ein Adjektiv oder Partizip, mit dessen Hilfe er den präpositionalen Ausdruck fest mit dem Substantiv, zu dem er als Attribut gehört, verklammert (**→73**):

tumulus ad silvam situs	L „der am Wald gelegene Hügel"
	D *der Hügel am Wald*

Das Verbum im Satz

Die ✳ infiniten Verbformen

Infinit *(„nicht bestimmt")* heißen diejenigen Formen des Verbs, die *keine Kennzeichnung der Person (einschl. des Numerus), des Modus, des Tempus* tragen (Formen mit diesen Kennzeichen heißen „finite" Verbformen). Im Einzelnen handelt es sich um
● die Infinitive (**→59**) einschließlich Gerundium (**→60**) und Supinum (**→61**);
● die Partizipien (**→62**) einschließlich Gerundivum (**→62**).
Da sich diese Formen im Satz wie Nomina verhalten, heißen sie auch ✳ *nominale Verbformen*; weil sie keine Personenkennzeichnung tragen, werden sie auch impersonale Verbformen genannt.

> **!** Die infiniten Verbformen spielen im L eine wesentlich größere Rolle als im D.

Der Infinitiv

Infinitiv als Prädikat: ✳ dramatischer Infinitiv („Īnfīnītīvus historicus")

Der Lateiner kann statt finiter Verbformen als Prädikat einfach auch den Infinitiv der Gleichzeitigkeit verwenden. In bestimmten Fällen kann man den Eindruck gewinnen, als ob angesichts des rasch ablaufenden Geschehens die Zeit zum Bilden der finiten Formen nicht ausreichte: daher der Begriff *dramatischer Infinitiv*.

Clāmāre virī, fēminae	*Die Männer schrien, die Frauen*
lāmentārī.	*klagten.*

117 Der ✳ deklinierte Infinitiv (sog. Gerundium, →60)

ars scrībendī	die Kunst des Schreibens, Schreibkunst
scrībendō	durch Schreiben
in scrībendō	beim Schreiben

A1 Der deklinierte Infinitiv kann, ebenso wie das finite Verbum, Objekte und Adverbien bei sich haben; also: ars *librōs* scrībendī, ars *bene* scrībendī.

A2 Ähnliche Aufgaben, doch in anderer grammatischer Konstruktion, hat auch das Gerundivum, →134.

118 Der ✳ Akkusativ mit Infinitiv (✳ **AcI:** „Accūsātīvus cum īnfīnītīvō")

a) Der AcI im Satz

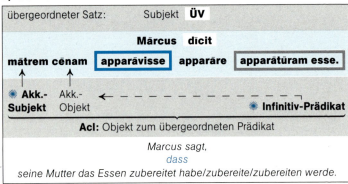

b) Zeitverhältnisse im AcI (→59)

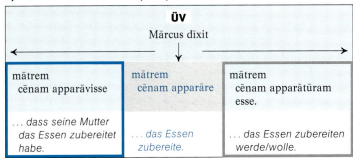

Ein ✳ Reflexivum als ✳ Akkusativsubjekt im AcI **119**

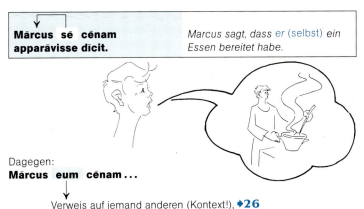

Dagegen:
Mārcus eum cēnam ...
↓
Verweis auf jemand anderen (Kontext!), →26

Der AcI ist nach folgenden Gruppen übergeordneter Verben zu erwarten **120**
(✳ „AcI-Auslöser"):

- als *Objekt* bei
1. Verben des Sagens, Merkens, Meinens, Wissens
2. Verben der Freude und des Schmerzes
3. velle, nōlle, mālle, cupere (!)
4. iubēre, vetāre, sinere, patī (!)

A 1 Nach Verben des Sagens und Wissens kann jedoch statt eines dass-Satzes auch ein *abhängiger Fragesatz* („was", „wann", „wo" usw.) stehen: →174.

A 2 Dass nach den Verben der Gruppen 3 und 4 AcI steht, ist keineswegs selbstverständlich, denn auf sie folgt ein abhängiger Wunsch und der

65

wird in der Regel durch einen *abhängigen Wunschsatz* (ut mit Konjunktiv) ausgedrückt: ➔**179**.

● als *Subjekt*
bei ✳ unpersönlichen Ausdrücken, z. B.

| **Cōnstat terram globum esse.** | *Es steht fest, dass die Erde eine Kugel ist.* |

Der Acl gibt den *Inhalt* des übergordneten/auslösenden Verbums wieder, entspricht also einem deutschen *Inhaltssatz*.

121 **Zur Erklärung des Acl**

1. Der lateinische Acl ist „so viel wert" wie ein deutscher dass-Satz; man bezeichnet ihn daher als ✳ **satzwertige Konstruktion**. Beim Acl spielt, logisch gesehen, der „A" (das *Akkusativ-Subjekt*) die Rolle des Subjekts, der „I" (das *Infinitiv-Prädikat*) die Rolle des Prädikats. Im Deutschen werden sie zu Subjekt bzw. Objekt des *dass-Satzes* (Inhaltssatzes).

2. Auch im Deutschen gibt es einen Acl, jedoch wesentlich seltener als im Lateinischen, z. B. nach *hören, sehen, beauftragen, lassen*: Ich sehe ihn kommen = Ich sehe, dass er kommt.

3. Da auch im Lateinischen die Zahl der Fälle beschränkt ist, in denen Acl stehen kann, lohnt es, sich die genannten Gruppen von übergeordneten Verben einzuprägen, Sie sind ein Signal dafür, dass (möglicherweise) ein Acl vorliegt.

4. Ein Ratschlag für die graphische Kennzeichnung des Acl bei der Texterschließung findet sich ➔**4**.

122 Bei unpersönlichen Ausdrücken kann auch ein **unvollständiger Acl** stehen:

| **Mendācem esse turpe est.** | *Es ist eine Schande, ein Lügner zu sein.* |

Warum sagt der Lateiner nicht mendāx esse, wie wir es vom Deutschen her vermuten würden? Offenbar weil ihm ein Acl vorschwebt, allerdings ohne (Akkusativ-)Subjekt. Warum kann es nicht z. B. heißen *aliquem* mendācem esse? Ganz einfach: weil der Satz dadurch einen ganz anderen Sinn bekäme, nämlich: *Es ist eine Schande, dass irgendeiner ein Lügner ist.*

123 Als eine Art Umkehrung des Acl kann man den ✳ **Nominativ mit Infinitiv** (✳ **Ncl:** „Nōminātīvus cum Īnfīnītīvō") betrachten:

Acl: Homērum caecum fuisse dīcunt.	*Sie sagen/man sagt, Homer sei blind gewesen.*
Ncl: Homērus caecus fuisse dīcitur.	*Es wird gesagt, Homer sei blind gewesen.*
	Homer soll blind gewesen sein.

Der NcI kommt weit seltener vor als der AcI; er steht u. a.
1. bei einigen Verben des Sagens, Merkens, Meinens:
- Sagen: dīcitur, nūntiātur, fertur, trāditur
- Merken: audītur
- Meinen: putātur
2. bei iubētur und vetātur

[!] Der NcI begegnet zwar meist in der 3. P. Sg. oder Pl., kommt aber auch in der 1. oder 2. Person vor.

A 1 Vgl. dieselbe Konstruktion im Deutschen: „Der Autofahrer wird beschuldigt das Rotlicht missachtet zu haben."
A 2 Bei vidērī/*scheinen* steht im Lateinischen und Deutschen gleichermaßen der NcI: Homērus caecus fuisse vidētur. *Homer scheint blind gewesen zu sein.*
A 3 Das Englische kennt ebenfalls den NcI: „Homer is said to have been blind."

Das Prädikativum

Das Partizip: Worin besteht der Unterschied zwischen ✳ attributivem und ✳ prädikativem Gebrauch? 124

Ein Beispiel:

a) *Die dampfende Mahlzeit wurde aufgetragen* (– während die abgekühlte, nicht mehr dampfende nochmals auf den Herd gestellt wurde).
Das Attribut „dampfend" dient hier zur näheren Kennzeichnung des Substantivs „Mahlzeit". Mithilfe des Attributs „dampfend"/„nicht dampfend" werden die Töpfe unterscheidbar, selbst wenn sie genau gleich aussehen und denselben Inhalt haben.
Das *Attribut* macht also die Dinge unterscheidbar und verhilft dazu, dass man sie identifizieren kann. Es hat damit eine ähnliche Funktion wie das Etikett auf der Flasche.

b) *Die Mahlzeit wurde dampfend aufgetragen.*

„Dampfend" bezieht sich hier zwar ebenfalls auf das Substantiv „Mahlzeit", entscheidend ist aber, dass dieses Partizip außerdem einen *Bezug zum Verbum* hat. Durch Umformung wird dies noch deutlicher:

„Die Mahlzeit wurde aufgetragen, während sie noch dampfte." Der während-Satz enthält eine adverbielle Bestimmung zum Verb.

Das ❋ *Prädikativum* hat also (im Unterschied zum Attribut) einen *Doppelbezug*: aufs Substantiv *und* aufs Prädikat, und eben wegen dieses Bezugs aufs Prädikat bezeichnet man es als Prädikativum.

125 Woran kann man ❋ attributiven und ❋ prädikativen Gebrauch unterscheiden?

Im *Deutschen* ist die Sache einfach: Das adjektivische Attribut (auch das Partizip ist ein Adjektiv!) steht zwischen Artikel und Substantiv. Man erkennt es also an der *Stellung*. Außerdem muss es sich nach seinem Beziehungswort richten, also: *„das dampfende Essen"*, aber *„die dampfenden Speisen"*.
Wo das Partizip *nicht* zwischen Artikel und Substantiv steht und sich auch nicht nach seinem Beziehungswort richtet, sondern unverändert bleibt, liegt *prädikativer Gebrauch* vor.

> [!] Im *Lateinischen* ist die Sache anders und – leider! – schwieriger. Ob attributiver oder prädikativer Gebrauch vorliegt, der Lateiner sagt *unterschiedslos*:
> Cēna fūmāns apportāta est.

126 Wie kann man im Lateinischen unterscheiden, ob ❋ attributiver oder ❋ prädikativer Gebrauch vorliegt?

Durch den Textzusammenhang. Ein Beispiel:
Avis cantāns nōs dēlectat.

a) attributiv
   Nur sinnvoll z. B. wenn
   - ein *singender* Vogel von *nicht-singenden* unterschieden werden soll;
   - im Text *vorher* schon davon die Rede war, dass ein Vogel singt:

| **Avis cantāns nōs dēlectat.** | *Der singende Vogel erfreut uns/ macht uns Spaß.* |

b) prädikativ:
   Nur sinnvoll, wenn aus dem *Zusammenhang* heraus eine *ausdrückliche Sinnbeziehung* zwischen Partizip und Prädikat nahe liegt.
   Grundsätzlich sind hier *fünf Sinnbezüge* möglich:

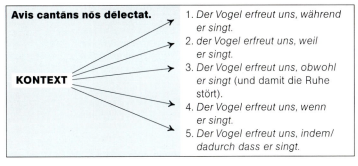

Avis cantāns nōs dēlectat.	1. *Der Vogel erfreut uns, während er singt.*
KONTEXT	2. *der Vogel erfreut uns, weil er singt.*
	3. *Der Vogel erfreut uns, obwohl er singt* (und damit die Ruhe stört).
	4. *Der Vogel erfreut uns, wenn er singt.*
	5. *Der Vogel erfreut uns, indem/ dadurch dass er singt.*

Zu diesen fünf Möglichkeiten der Übersetzung ➜131.

[!] Das prädikativ gebrauchte Partizip ist im Lateinischen wesentlich häufiger als das attributiv gebrauchte. Daher gilt die Faustregel: Im Zweifelsfall prädikativ übersetzen, das heißt: *im D einen adverbialen Nebensatz wählen!*

A 1 Das prädikativ verwendete Partizip wird auch als „Participium coniunctum" bezeichnet.

A 2 In *einem* Fall gibt auch das Latein einen Hinweis darauf, ob attributiver oder prädikativer Gebrauch vorliegt. Wir erinnern uns: Das Attribut ist so etwas wie ein Etikett auf der Flasche. Findet sich in einem Satz *kein Beziehungswort*, auf das ein vorliegendes Partizip sich beziehen könnte, ist dieses Beziehungswort vielmehr schon *im vorangehenden Text* genannt, so kann das Partizip nicht attributiv gebraucht sein. (Man kann das Etikett nur aufkleben, wenn auch eine Flasche da ist...). So ergibt sich im Verfahren des Ausschlusses der attributiven die *prädikative* Deutung (z. B. ➜**127b**). Ebenso ist es meist, wenn das Beziehungswort „nur" ein Pronomen ist; auch an dieses ist nichts „anzukleben".

A 3 Im Deutschen und (seltener) Lateinischen können **Partizipien auch wie Substantive gebraucht** werden. Während sie im D gleich an der Großschreibung erkennbar sind, erkennen wir sie im L nur am Fehlen eines Begleitwortes im näheren Textzusammenhang:

| Labōrantēs adiuvāmus. | *Wir unterstützen die Notleidenden.* |

Außer Partizipien können auch Adjektive und Substantive prädikativ/ als Prädikativum verwendet werden.

✳ **Prädikatives Adjektiv**

[!] Da es (→125) im L keine grammatischen Erkennungszeichen für ein Prädikativum gibt, sind andere Entscheidungshilfen nötig. Diese liegen *nur* im näheren oder weiteren *Zusammenhang des Satzes*, in dem man ein Prädikativum vermutet.

Eindeutige Fälle:

a) Decima legiō prīma advēnit.	*Die zehnte Legion kam als Erste an* (die 10. Legion kann nicht gleichzeitig die 1. Legion sein).
b) Rūfilla domum venit. Laeta ātrium intrat.	*Rūfilla kommt nach Hause. Fröhlich betritt sie das Atrium.* Hier ist das Subjekt des Satzes (Rūfilla) im Satz *vorher erwähnt*, laeta kann nur prädikativ sein.

Faustregel in anderen Fällen:
Prüfe, ob das Adjektiv im Kontext dazu dient, das Gemeinte als Person/Sache genau zu identifizieren. Falls ja: attributive Lösung; falls jedoch das Adjektiv etwas zum näheren Verständnis des Prädikats beiträgt: prädikative Lösung.

Ein Beispiel: Gallī laetī ad castra pergunt.
Ist von „fröhlichen Galliern" die Rede (attributiv) oder muss laetī mit dem Prädikat in Zusammenhang gebracht werden (prädikativ)?

a) Vorgeschichte: Ein Teil der Gallier hatte Erfolg gehabt, ein anderer sich bei seiner Unternehmung blamiert. Folgt dann dieser Satz, so ist mit großer Wahrscheinlichkeit auf attributiven Gebrauch zu tippen, also:

Gallī laetī …	*Die fröhlichen Gallier ziehen zum Lager.*

Fährt der Text etwa fort: „… während die anderen sich nicht trauten zurückzukehren", dann ist diese Deutung als richtig bestätigt.

b) Vorgeschichte: Wider Erwarten gelang es den Galliern, die verhassten Römer zu überrumpeln. Folgt darauf der Satz, so ist mit Sicherheit zu übersetzen:

Gallī ⌊laetī⌋ ad castra pergunt.	*Die Gallier ziehen fröhlich zum Lager* (– wo der Erfolg dann gebührend gefeiert wird).

✸ Prädikatives Substantiv

128

Hier liegen die Dinge im Prinzip gleich wie bei **127**. Beispiel:

Hannibal senex patriam relīquit.	• *Hannibal verließ als alter Mann die Heimat.* (prädikativ) • *Hannibal, ein alter Mann, verließ die Heimat.* (attributiv, deutsch hier als Apposition)

Auch hier hängt alles davon ab, welche Information dieser Satz *im Zusammenhang eines Textes* vermitteln soll, z. B.:
- dass (der berühmte und bekannte Karthager-General) Hannibal schon alt war, als er seine Heimat verließ; oder
- dass die Person namens Hannibal, von der die Rede ist, ein alter Mann war/ist.

Zusammenfassung zum Prädikativum

a) prädikativ gebrauchtes **Partizip**

| **Avis cantāns nōs dēlectat.** | Der Vogel erfreut uns, während (weil/obwohl/wenn/indem) er singt. Kontext! |

1. Das prädikative Partizip ist, ebenso wie der AcI, eine ✳ **satzwertige Konstruktion**; nur ist es nicht wie dieser einen dass-Satz „wert" sondern – wesentlich komplizierter! – einen Satz, der beginnt mit: *während/nachdem/ weil/obwohl/wenn/indem/dadurch, dass/wobei* (➔**131**), also einen *adverbialen Nebensatz*.
2. Die *Rolle des Prädikats* spielt in dieser satzwertigen Konstruktion der *Stamm* des Partizips, während die *Endung* des Partizips auf das Beziehungswort hinweist, das als *logisches Subjekt* der satzwertigen Konstruktion anzusehen ist und im deutschen konjunktionalen Gliedsatz durch das Personalpronomen *(er, sie ...)* vertreten wird; vgl. unser Beispiel in ➔**126**: *..., weil er singt* usw.
Dieses Beziehungswort steht sehr oft im Nominativ, kann jedoch genauso in einem anderen Kasus stehen.
3. Das Partizip kann, ebenso wie das finite Verbum, Objekte und adverbiale Bestimmungen zu sich nehmen. Meist stehen diese näheren Bestimmungen *vor* dem Partizip (➔ Beispielsatz unter folgendem Punkt 4, *... librum ... scrībēns*).
4. Im Zweifelsfall ist es hier besonders wichtig, eine graphische Abgrenzung vorzunehmen (Klämmerchen von unten, ➔**4**), z. B. Platō ⌊summō studiō librum, quī erat dē vēritāte, scrībēns⌋ subitō mortuus est.

b) prädikativ gebrauchtes **Adjektiv**

Decima legiō prīma advēnit.	Die 10. Legion kam als Erste an.
Tempelinschrift:	
Bonus intrēs, melior discēdās.	Gut sollst du eintreten, besser (wieder) hinaustreten.

c) prädikativ gebrauchtes **Substantiv**

| **Hannibal senex patriam reliquit.** | Hannibal verließ als alter Mann seine Heimat. |

 Der ✳ Ablativus absolutus (Abl. abs.)

1. Wie beim AcI (➔**121**) und prädikativen Partizip (➔**129**) handelt es sich beim Ablativus absolutus um eine ✳ **satzwertige Konstruktion**. Die „Rolle" des Subjekts spielt hier ein Substantiv bzw. Pronomen im Ablativ, die Rolle des Prädikats ein (damit kongruierendes) Partizip, an dessen Stelle

jedoch auch ein Adjektiv oder Substantiv stehen kann. Die Übersetzungsmöglichkeiten sind dieselben wie beim prädikativen Partizip (→**131**).
2. Während das prädikative Partizip ein Beziehungswort *im* Satz hat (– und daher auch „participium coniunctum" genannt werden kann), ist der Abl. abs. eine *in sich geschlossene* Struktur *ohne* ein Beziehungswort im Satz; daher die Bezeichnung Ablativus absolutus = „losgelöster Ablativ". Insgesamt ist der Abl. abs. ein klärender Beitrag zum Verbum des Satzes; seine Funktion im Satz ist also die einer *adverbialen Bestimmung*. Dasselbe gilt auch vom prädikativen Partizip.

a) Substantiv + Partizip

Cicerōne nūntium mittente...	während Cicero einen Boten schickte,... (weitere Übersetzungsmöglichkeiten →**131**)
Cicerōne in exilium missō...	nachdem Cicero in die Verbannung geschickt worden war,...

b) Substantiv + Adjektiv

Cicerōne invītō...	während Cicero dagegen war, gegen den Willen Ciceros...
ebenso:	
Cicerōne vīvō...	...

c) Substantiv + Substantiv

Cicerōne cōnsule...	während Cicero Konsul war, unter dem Konsulat Ciceros...
ebenso:	
Cicerōne auctōre...	...
Cicerōne duce...	...

131 Die Übersetzung der Partizipialkonstruktionen
(prädikatives Partizip und Ablativus absolutus)

1. ✳ **temporal:** a) *während* (beim Part. der Gleichzeitigkeit)
   b) *nachdem* (beim Part. der Vorzeitigkeit)
2. ✳ **kausal:** *weil*
3. ✳ **konzessiv:** *obwohl*

   A *konzessiv* ist abzuleiten von concēdere *„etwas zugeben"*. Im Konzessivsatz wird *zugegeben*, dass ein (freilich wirkungslos bleibender) *Gegengrund* vorliegt zu dem, was dann laut Aussage des Hauptsatzes *wirklich* geschah/geschieht.
4. ✳ **konditional:** *wenn*

   A condiciō *„Bedingung"*; Konditionalsatz = Bedingungssatz
5. ✳ **modal:** a) *indem, dadurch dass* b) *wobei*

A modus: *„Art und Weise"; modal* bedeutet also „die Art und Weise eines Vorgangs erläuternd". Modale Angaben können zweierlei bedeuten; vgl.:
a) *Er beleidigte ihn, indem/dadurch dass er ihn ohrfeigte.*
b) *Er beleidigte ihn, wobei er ihn ohrfeigte.*
Bei a) ist die Rede nur von *einer* Aktion, die ihrerseits zwei Aspekte hat, einen körperlichen und einen moralischen.
Bei b) sind *zwei* Aktionen im Spiel: die Beleidigung (vermutlich in einer Beschimpfung bestehend) und die sie begleitende Ohrfeige.

> **Cicerōne nūntium mittente** kann also *je nach Textzusammenhang* bedeuten:
> 1. *Während Cicero einen Boten schickte,* (gab es in Rom Unruhen).
> 2. *Weil Cicero einen Boten schickte,* (geriet der Senat in Aufregung).
> 3. *Obwohl Cicero einen Boten schickte,* (blieb der Senat bei seiner ablehnenden Haltung).
> 4. *Wenn Cicero einen Boten schickt,* (müssen wir antworten).
> 5. *Dadurch, dass Cicero einen Boten schickte,* (konnte großes Unglück vermieden werden).

132 Die ✳ Sinnrichtungen – zur Erklärung

1. Die *temporale Sinnrichtung* ist die für alle anderen grundlegende; daher ihre Nennung an erster Stelle. *Diese Übersetzungsmöglichkeit besteht zwar meistens, ist aber nicht immer sinnvoll!*
   Auf ihr basiert die *kausale, konzessive* und *konditionale* Sinnrichtung; alle drei sind *logische* Deutungen, die auf dem Kausalitätsprinzip beruhen (*weil* der Grund vorliegt/*obwohl* der Grund vorliegt/*wenn* der Grund vorliegt).
   Die *modale* Sinnrichtung steht wieder in Verwandtschaft zur temporalen.
2. Die Anordnung temporal/kausal/konzessiv findet sich auch bei der Konjunktion cum mit Konjunktiv; ➧189.
3. Da Partizipialkonstruktionen im Lateinischen sehr häufig sind, ist zuverlässige Einprägung dieser fünf Übersetzungsmöglichkeiten (möglichst in dieser Reihenfolge!) dringend erforderlich.

Eine **Übersetzung durch** ☀ **präpositionalen Ausdruck oder** ☀ **Beiordnung** **133**
sollte man erst dann versuchen, wenn schon eine Übersetzung mit konjunktionalem
Gliedsatz vorliegt. Sonst kommt es allzu leicht zu (vermeidbaren) Irrtümern:

> Gălli locīs superiōribus occupātīs itinere exercitum prohibēre cōnantur.

● ☀ konjunktionaler Gliedsatz:
*Die Gallier versuchten, nachdem die höher gelegenen Stellen ⟨von ihnen⟩ besetzt
worden waren, das Heer am Marsch zu hindern.*
● präpositionaler Ausdruck:
Nach Besetzung der höher gelegenen Stellen versuchten die Gallier, . . .
● Beiordnung:
Die Gallier besetzten die höher gelegenen Stellen und *versuchten* dann *, . . .*

> Helvētiī repentīnō Caesaris adventū commōtī lēgātōs ad eum mittunt.

● konjunktionaler Gliedsatz:
*Weil die Helvetier von Caesars plötzlicher Ankunft beeindruckt waren, schickten sie
Gesandte an ihn.*
● *präpositionaler Ausdruck:*
Unter dem Eindruck der plötzlichen Ankunft Caesars schickten die Helvetier
Gesandte an ihn.
● *Beiordnung:*
Die Helvetier waren von Caesars plötzlicher Ankunft beeindruckt und schickten
deshalb Gesandte an ihn.

Das ☀ Gerundivum **134**

Der ☀ deklinierte Infinitiv (sog. Gerundium, ➥**60**) und das Gerundivum haben
gemeinsam, dass sie aus **Präsensstamm** (+ Aussprachevokal) **+ ND +
Endung** gebildet werden; daher auch die Bezeichnung *-nd-Formen.*
Gemeinsam ist auch ihr Aufgabenbereich: Gerundium und Gerundivum fin-
den sich dort, wo ein Verbinhalt nominal ausgedrückt werden soll. Im D finden
sich dort Infinitive oder Verbalsubstantive.
Der Unterschied ist, dass der deklinierte Infinitiv ein ☀ Verbal*substantiv* ist,
(➥**60, 117**), das Gerundivum ein ☀ Verbal*adjektiv* mit passiver Bedeutung
(➥**62**).
Formen:
legendus (a, um), monendus (a, um), regendus (a, um), capiendus (a, um),
audiendus (a, um)

Attributives Gerundivum (Typ: in librīs legendīs) **135**

Hilfsformel für die Übersetzung: **„Die X-ung des Y"**

ad castra oppūgnanda	*Zur Bestürmung des Lagers*
	zur Lagerbestürmung
in librīs legendīs	(„bei der Lesung von Büchern"=)
	beim Lesen von Büchern
	beim Bücherlesen → S. 76

75

librīs legendīs	*durch die Lektüre von Büchern*
	durch Bücherlesen
librōrum legendōrum causā	. . .
locus urbī condendae	. . .

Bei diesem Gebrauch des Gerundivums kommt es zu einer eigentümlichen „Gewichtsverschiebung". Das Gerundivum ist zwar – als Adjektiv – von seinem Beziehungswort abhängig und muss sich in KNG nach ihm richten; seiner Bedeutung nach ist es jedoch sozusagen „Herr im Hause", was im Deutschen dadurch zum Ausdruck kommt, dass es zum beherrschenden Substantiv wird. Ähnliches gibt es auch im D, vgl.: *Die verlorene Freiheit bedrückte sie = der Verlust der Freiheit . . .*

136 Gerundivum als ☀ Prädikatsnomen bei esse

Carthāgō dēlenda est.	*Karthago* ist zu *zerstören.*
	Karthago muss *zerstört* werden .
Carthāgō dēlenda nōn est.	*Karthago* ist nicht zu *zerstören.*
	Karthago darf nicht *zerstört*
	werden . *(vgl. E „must not")*

Der **Täter** steht bei dieser Ausdrucksweise **im Dativ** (➜**83**):

Mihi liber legendus est.	*Ich* muss *das Buch lesen.*
	Ich habe *das Buch* zu *lesen.*

A Der esse-Typ kommt nur im Nom. oder (beim AcI) im Akk. vor.

137 ☀ Prädikatives Gerundivum
bei Verben des Übergebens und Übernehmens zur Angabe des Zwecks

Caesar mīlitibus urbem	L „Caesar überließ den Soldaten die
trādidit dīripiendam.	Stadt als zu plündernde."
	D *Caesar übergab den Soldaten*
	die Stadt zur *Plünderung /*
	zum *Plündern.*

138 ☀ Unpersönlicher Gebrauch des Gerundivums

Nunc agendum est.	*Jetzt* ist zu *handeln.*
	Jetzt muss man *handeln.*
	Jetzt muß *gehandelt* werden .

Auch hier wird der Täter mit dem Dativ bezeichnet, ➜**83** und **136**.

76

Das Verbum finitum

Zum Begriff →115

Der Zeitstrahl – graphische Darstellung des lateinischen Tempussystems

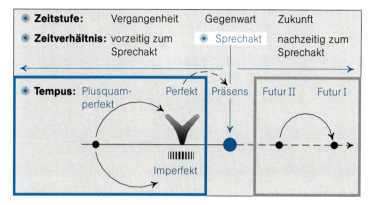

Von den sechs Tempora des Lateinischen haben zwei im Deutschen keine genaue Entsprechung: Perfekt und Imperfekt; zwei weitere sind im Deutschen nur bedingt zu vergleichen: Futur I und noch mehr Futur II. Nur Präsens und Plusquamperfekt entsprechen dem Deutschen.

> [!] Für die **Übersetzung ins D** gilt grundsätzlich: Man muss das Tempus wählen, das dem *deutschen* Sprachgebrauch entspricht. Hier weichen L und D in vielen Fällen stark voneinander ab.

Das Präsens

Das Präsens nimmt im L wie im D eine Sonderrolle ein: Es ist nicht auf die Beschreibung von „Gegenwart" festgelegt. Es kann bezeichnen:

- Vorgänge, die für den Sprecher *aktuell* sind. Diese können gleichzeitig zum Sprechakt sein oder den Sprechakt mehr oder weniger weit umfassen (z. B. „heute", „unser Jahrhundert");
- Vorgänge allgemeiner Art, die der Sprecher als *zeitlos gültig* ansieht, z. B.:

> Plēnus venter nōn studet libenter.   *Ein voller Bauch studiert nicht gern.*

- als *Erzähltempus* Vorgänge, die (real oder fiktiv) in der Vergangenheit stattgefunden haben (sog. Praesens historicum). „Durchbricht" das Präsens dabei Erzählungen, die im Perfekt gehalten sind, wirkt es verlebendigend; dann spricht man vom ☀ *dramatischen Präsens*. Dies gilt insbesondere für Höhepunkte des Geschehens; die Erzählung wirkt dann wie ein Film, der vor den Augen der Anwesenden abläuft:

(Erzählung im Perfekt) Repente post tergum equitātus cernitur; cohortēs aliae appropinquant; hostēs terga vertunt; fit māgna caedēs. (Fortführung im Perfekt)	*Plötzlich sieht man im Rücken Reiterei; andere Kohorten nähern sich; die Feinde ergreifen die Flucht; es findet ein großes Morden statt.*

Siehe auch Textbeispiel **148**.

A Lateinisches dramatisches Präsens sollte man im Deutschen ebenso wiedergeben. Eine Übersetzung mit Präteritum empfiehlt sich lediglich in Fällen, wo das Lateinische allzu rasch zwischen den Tempora wechselt (**➜139**).

Das Perfekt

Das Perfekt bezeichnet *Ereignisse, die vor dem Sprechakt liegen.* Aus dem Zusammenhang des Textes ergeben sich dabei für uns *drei Bedeutungsvarianten*:

141 Das ✳ erzählende Perfekt (sog. Perfectum nārrātīvum oder historicum)

Das Perfekt bezeichnet Ereignisse, die der Sprecher erzählt und als *vergangen* hinstellt; die Ereignisse sind dabei *Punkte* in einem Erzählablauf, das Perfekt ist ✳ *punktuell.* Daher die graphische Symbolisierung auf dem Zeitstrahl: Die Spitze des Keils bezeichnet den Punkt auf dem Zeitstrahl. In dieser Funktion als *Perfectum narrativum* entspricht das lat. Perfekt dem deutschen ✳ Präteritum *(lobte, sang).*
Frage: Was passierte da? Was passierte dann?
Textbeispiel: **➜148**

142 Das ✳ resultative (konstatierende) Perfekt

In einem hauptsächlich im Präsens gehaltenen Text (oft z. B. in Reden) bezeichnet das Perfekt das, was in der Vergangenheit vollendet wurde, aber für die „Gegenwart" (den Zeitpunkt des Sprechakts) gilt, auf ihn nachwirkt oder einwirkt. Hier ist im Allgemeinen das *deutsche Perfekt* die angemessene Übersetzung, v. a. für die 1. und 2. Person in Dialogen:

Rēctē fēcistī.	*Du hast richtig gehandelt.*
(Pīlātus:) **Quod scrīpsī, scrīpsī.**	*Was ich geschrieben habe, habe ich geschrieben.*
Hoc saepe mēcum cōgitāvī.	*Darüber habe ich oft bei mir nachgedacht.*

143 Das ✳ präsentische Perfekt

Es benennt eine Handlung der Vergangenheit, die einen Zustand begründet hat, der in der Gegenwart erreicht ist und vorliegt, z. B.

Vīcimus!	Wir haben gesiegt!
	Wir sind Sieger!
meminī	(ich habe mir eingeprägt:)
	ich erinnere mich
nōvī	(ich habe kennen gelernt:)
	ich kenne, ich weiß
mihi persuāsī	(ich habe mir eingeredet:)
	ich bin überzeugt

Beim präsentischen Perfekt kann im Deutschen also (Perfekt oder) Präsens verwenden werden, nicht jedoch das ☀ Präteritum.

Das Imperfekt
144

Das lat. Imperfekt ist „Partner" des Perfekts ➧**141** und ➧**142**. Oder noch genauer: Sie bilden ein untrennbares Gespann. Während das Perfekt erzählt, *beschreibt* das Imperfekt; es gibt sozusagen den ☀ *Hintergrund*, vor dem die Erzählung abläuft. Und während das Perfekt Vorgänge mitteilt, die als zeitlich begrenzt *(punktuell)* hingestellt werden, erfasst das Imperfekt Vorgänge von unbestimmt gelassener *Dauer*, ist also in diesem Sinn ☀ *linear*; daher in der Graphik die nach links und rechts offener werdende Linie als Symbol.

> **!** Perfekt und Imperfekt unterscheiden sich also nicht darin, wie lange die Vorgänge real dauern, sondern welche Rolle ihnen der Sprecher/Schreiber in der Erzählung zuweist.

Das Imperfekt wird im D in der Regel mit dem Präteritum wiedergegeben, aber auch das Perfekt kann infrage kommen (v. a. bei berichtender 1. Person oder bei angeredeter 2. Person).
Textbeispiel: ➧**148**

A In bestimmten Fällen kann das Imperfekt so auch eine Handlung bezeichnen, die nur *versucht* wurde (evtl. mehrmals), aber nicht zum Ziel kam:

| Veniēbātis in Āfricam, sed prohibitī estis. | Ihr versuchtet („wart dabei"), nach Afrika zu kommen, aber ihr seid daran gehindert worden. |

Das Plusquamperfekt
145

Es steht zum Perfekt ebenso wie zum Imperfekt im Zeitverhältnis der Vorzeitigkeit. Sein Gebrauch entspricht weitgehend dem deutschen Plusquamperfekt.

| Caesar Brundisium pervēnit. Cohortēs suās eō praemīserat. | Caesar gelangte nach Brindisi. Seine Kohorten (Truppen) hatte er dorthin vorausgeschickt. |

146 Das Futur I

Es bezeichnet vom Sprechakt aus gesehen Zukünftiges oder Erwartetes. Im Deutschen *kann* es ebenfalls durch das Futur (laudābō: *ich werde loben*) wiedergegeben werden. Allerdings wird statt des Futurs meist das Präsens gebraucht, z. B.: *„Morgen reise ich nach München."*
Textbeispiel: →148

147 Das Futur II (Perfektfutur)

Wie auf dem Zeitstrahl zu ersehen, liegt es zwischen Sprechakt und dem Futur I: Dem Sprechakt gegenüber ist es nachzeitig, dem Futur I gegenüber vorzeitig.

Dieser Doppelaspekt kommt auch in der Formenbildung zum Ausdruck; z. B. in fuerō *„ich werde gewesen sein"* bezeichnet -erō die Nachzeitigkeit (vom Sprechakt aus), der Perfektstamm fu- die Vorzeitigkeit (vom Futur I aus gesehen).

Die eben verwendete Formulierung „ich werde gewesen sein" ist freilich allenfalls eine „Arbeitsübersetzung", wofür sie insofern geeignet ist, als sie die Verhältnisse genau abbildet („ich werde": nachzeitig, „gewesen sein": vorzeitig). Eine angemessene deutsche Übersetzung verwendet Präsens oder Perfekt:

Ubī nova cōgnōverō, tibi scrībam.	L „Sobald ich Neues erfahren haben werde, werde ich Dir schreiben."
	D *Sobald ich Neues erfahren habe, werde ich dir schreiben.*
	Sobald ich Neues erfahre, schreibe ich dir.

A Liegt Konj. der Vorzeitigkeit I vor oder Futur II? Die Faustregel lautet: Futur II tritt gewöhnlich nur dann auf, wenn im übergeordneten Satz ein Futur I (oder stattdessen ein Imperativ) steht.

148 Die lateinischen Tempora – Textbeispiele

a) C. Julius Caesar: **Aufstand in Gallien** (*Bellum Gallicum* VII 6–7)

Zu Anfang des Jahres 52 v. Chr. bricht in Gallien der große Aufstand unter Führung des Arverners Vercingetorix aus. Die Gallier wissen, dass in Rom auf einen politischen Mord hin turbulente Verhältnisse herrschen, und spekulieren darauf, dass Caesar deshalb in der Nähe der Hauptstadt bleiben muss. Der im Text genannte Lucterius (aus dem Stamm der Cadurcer) war von Vercingetorix ausgesandt worden um Verbündete zu gewinnen. Als er Erfolg hat, fasst er den kühnen Plan, Narbo, die Hauptstadt der römischen Provinz Gallia Narbonensis, zu erobern.

80

His rebus in Italiam Caesari nuntiatis, cum iam ille urbanas res virtute Cn. Pompeii commodiorem in statum pervenisse intellegeret, in
3 Transalpinam Galliam profectus est .

Eo cum venisset, magna difficultate afficiebatur , qua ratione ad exercitum pervenire posset. Nam si legiones in provinciam arces-
6 seret, se absente in itinere proelio dimicaturos intellegebat ; si ipse ad exercitum contenderet, ne iis quidem eo tempore, qui quieti viderentur, suam salutem recte committi videbat .

9 Interim Lucterius Cadurcus in Rutenos missus eam civitatem Arvernis conciliat . Progressus in Nitiobroges et Gabalos ab utrisque obsides accipit et magna coacta manu in provinciam Narbonem
12 versus irruptionem facere contendit .

Qua re nuntiata Caesar omnibus consiliis antevertendum existimavit , ut Narbonem proficisceretur. Eo cum venisset, timentes con-
15 firmat , praesidia in Rutenis provincialibus, Volcis Arecomicis, Tolosatibus circumque Narbonem, quae loca hostibus erant finitima, constituit , partem copiarum ex provincia supplementumque,
18 quod ex Italia adduxerat , in Helvios, qui fines Arvernorum contingunt , convenire iubet .

Diese Vorgänge wurden Caesar nach Italien gemeldet; da er zudem feststellte, dass die stadtrömischen Verhältnisse durch die Tatkraft des Cn. Pompeius in einen günstigeren Zustand gebracht worden waren, brach er ins transalpinische Gallien auf.

Als er dort eintraf, sah er sich in großer Schwierigkeit, wie er zum Heer gelangen könnte. Denn es war ihm klar, dass die Legionen, wenn er sie in die Provinz riefe, in seiner Abwesenheit auf dem Marsch in einen Kampf verwickelt würden; er sah [aber auch], dass unter diesen Umständen, wenn er selbst zum Heer eilte, sein Leben nicht einmal denjenigen [Stämmen] ohne weiteres anvertraut werden könnte, die ruhig schienen.

Inzwischen gewinnt der Cadurcer Lucterius, der zu den Rutenern gesandt worden war, diesen Stamm für einen Bund mit den Arvernern. Er zieht weiter zu den Nitiobrogen und Gabalern, nimmt von beiden Stämmen Geiseln entgegen und ist bemüht, nachdem er eine große Truppe zusammengebracht hatte, in die Provinz auf Narbo zu einen Einfall zu machen.

Als Caesar davon Meldung erhielt, glaubte er allen [anderen] Plänen den Aufbruch nach Narbo vorziehen zu sollen. Nachdem er dort angekommen ist, bestärkt er die Furchtsamen, stellt bei den Rutenern, die in der Provinz wohnten, bei den Arecomicer-Volcern, bei den Tolosaten und rings um Narbo Schutztruppen auf, Gegenden, die an die Feinde grenzten; einen Teil der Truppen aus der Provinz und die Verstärkung, die er aus Italien herbeigeführt hatte, lässt er im Gebiet der Helvier zusammenkommen, das an dasjenige der Arverner anstößt.

Z. 1–12: Caesar wählt hier für Vorgänge, die sämtlich in der Vergangenheit liegen, drei verschiedene Tempora: erst Perfekt, dann Imperfekt und schließlich Präsens. Versuche die Wahl des jeweiligen Tempus zu begründen!

„Lucterius Rutenos
Arvernis conciliat ..."

Z. 13–19: Was veranlasste Caesar wohl, vom Perfekt zum (dramatischen) Präsens überzugehen?
Z. 16: Wie könnte hier der Gebrauch des Imperfekts „erant" begründet werden?
Z. 18 adduxerat: Welches Tempus? Was hat es für das Zeitverhältnis zu bedeuten?
Z. 18 contingunt: Vergleiche den hier vorliegenden Gebrauch des Präsens mit dem, der bisher im Text anzutreffen war. Inwiefern handelt es sich bei contingunt um eine ganz andere Verwendung des Präsens? Was ergibt sich daraus für die Übersetzung?
Vergleiche die Tempora der deutschen Übersetzung mit denen des lateinischen Textes: Welche Nuancen des Lateinischen kann das Deutsche nicht zum Ausdruck bringen? Wo könnte man auch andere Tempora wählen?

b) Cornelius Nepos: **Hannibal** (2,3–6)

Cornelius Nepos, ein Zeitgenosse Ciceros, schildert in seinem Werk „De viris illustribus" berühmte Männer, die für die Geschichte Griechenlands und Roms große Bedeutung besessen haben. Im folgenden Ausschnitt erzählt Hannibal dem syrischen König Antiochus, worauf sein lebensbestimmender Hass auf die Römer zurückgeht.

„Pater meus", inquit, „Hamilcar, puerulo me [...] in Hispaniam imperator proficiscens Carthagine, Iovi optimo maximo hostias
3 immolavit. Quae divina res dum conficiebatur, quaesivit a me, vellemne secum in castra proficisci. Id cum libenter accepissem atque ab eo petere coepissem, ne dubitaret ducere, tum ille »Faciam«, inquit,
6 »si mihi fidem, quam postulo, dederis.« Simul me ad aram adduxit, apud quam sacrificare instituerat, eamque [me] ceteris remotis tenentem iurare iussit nunquam me in amicitia cum Romanis fore. Id
9 ego iusiurandum patri datum usque ad hanc aetatem ita conservavi, ut nemini dubium esse debeat, quin reliquo tempore eādem mente sim futurus. Quare, si quid amicē de Romanis cogitabis, non impru-
12 denter feceris, si me celaris [≈ celaveris]; cum quidem bellum parabis, te ipsum frustraberis, si non me in eo principem posueris."

> „Mein Vater Hannibal", sagte er, „wollte – ich war damals noch ein kleiner Junge – als Oberbefehlshaber von Karthago nach Spanien aufbrechen und brachte dazu dem Jupiter Optimus Maximus Tieropfer dar. Während die heilige Handlung noch vollzogen wurde, fragte er mich, ob ich mit ihm ins Lager aufbrechen wolle. Als ich das freudig aufnahm und ihn zu bitten begann, er solle nicht zögern mich mitzunehmen, da sagte er: »Ich werde es tun, wenn du mir den Treueid gibst, den ich fordere.« Sogleich führte er mich zum Altar, an dem er zu opfern sich vorgenommen hatte, ließ ihn mich, nachdem er die anderen fortgeschickt hatte, anfassen und schwören, dass ich niemals Freundschaft zu den Römern hegen solle. Diesen Schwur, den ich meinem Vater gab, habe ich bis zum heutigen Tag so bewahrt, daß niemand Zweifel daran haben darf, dass ich auch künftighin desselben Sinnes sein werde. Daher wirst du, falls du irgendwelche freundschaftliche Gedanken gegenüber den Römern zu hegen gedenkst, nicht unklug daran tun, wenn du es mir gegenüber verbirgst; wenn du jedoch einen Krieg vorbereitest, wirst du dich selbst hintergehen, falls du mich darin nicht an führender Stelle einbeziehst."

● Dieser Text, eine wörtliche Rede, ist Teil einer größeren Erzählung des Cornelius Nepos. In der Rede selbst ist wieder ein *erzählender Teil* und ein *„aktueller" Teil*, der sich auf den Sprechakt (→**139**) bezieht, zu unterscheiden.
● Wo findet sich im Text ein direkter Hinweis auf den Zeitpunkt des Sprechakts?
● Bestimme mithilfe der graphischen Darstellung in **139** die Funktion zunächst der Hauptsatztempora, indem du ihre Zugehörigkeit zum Feld von Vorzeitigkeit, Gleichzeitigkeit und Nachzeitigkeit untersuchst, sodann die Tempora der Nebensätze und ihre Bedeutung im Verhältnis zu den übergeordneten Sätzen.

149 bis 152 Die Bedeutung des Passivs

149 | Claudia equum terret. | *Claudia erschreckt das Pferd.*

Hier ist Claudia „aktiv", die ✱ Urheberin der Handlung. Das Pferd ist *Betroffener*. Claudia steht zunächst im Blickpunkt, von ihr geht die Blickrichtung hin zum Betroffenen.

Equus terrētur.

In diesem Satz steht equus im Blickpunkt. Die Passivform zeigt, dass das Pferd ✱ *Betroffener* ist, *passiv* (von lat. patī „von etwas betroffen sein").
Der Satz sagt nicht, wer der Urheber dieser Handlung ist: Das ist bei den meisten Passivsätzen so.

[!] Das Passiv steht insbesondere, wenn der Urheber einer Handlung bekannt ist, also *nicht* genannt zu werden *braucht*, oder wenn er *nicht* genannt werden *kann* oder *soll* (sog. Täterverschweigung). Der Beispielsatz lautet also auf Deutsch:

*Das Pferd **wird erschreckt**,*
oder:
*Das Pferd **erschrickt**.*

Der Urheber der Handlung kann im Passivsatz aber auch genannt werden:

Equus ā Claudiā terrētur. | *Das Pferd wird von Claudia erschreckt.*

150 | **Puerī lavantur.** | *Die Jungen werden gewaschen.*

Wird im lat. Passivsatz kein Urheber genannt, besteht auch die Möglichkeit, dass die Passivform ✱ **reflexiv** aufzufassen ist, d. h.: Der Betroffene ist in diesem Fall gleichzeitig Urheber, also:

| **Puerī lavantur.** | Die Jungen waschen sich. |

[!] Das ✷ Reflexivum ist also eine Art Mischung aus Aktiv und Passiv (vgl. 63 „Medium"). Es gibt viele vergleichbare Fälle, wo eine Übersetzung mit Reflexivum angemessen ist:

Tempora mūtantur, nōs et mūtāmur in illīs.	Die Zeiten ändern sich und auch wir ändern uns in ihnen.
Aegrōtī calōre sōlis recreantur.	Die Kranken erholen sich durch die Wärme der Sonne.
Reperiuntur, quī dīcant ...	Es finden sich Leute, die sagen ...

Beachte, dass gegebenenfalls im D aktive Wendungen den gemeinten Sachverhalt besser erfassen als passive. Vgl.: **151**

Pompēius māgnus imperātor habētur.	L Pompeius wird für einen großen Feldherrn gehalten.
	D *Pompeius gilt als großer Feldherr.*
Mārcus currū vehitur.	L Marcus wird mit dem Wagen gefahren.
	D *Marcus fährt auf dem Wagen.*
Certior factus sum dē coniūrātiōne.	L Ich wurde von der Verschwörung benachrichtigt.
	D *Ich erfuhr von der Verschwörung.*
Terra movētur.	(Die Erde bewegt sich.)
	Die Erde bebt.
Latrōnēs territī sunt.	*Die Räuber erschraken.* (→**149**)

Schließlich gibt es auch Fälle, wo sich eine Übersetzung mit „es" oder „man" anbietet: **152**

| **fertur** | *es wird berichtet, man berichtet* |
| **Sīc ītur ad astra.** | *So gelangt man zu den Sternen.* |

Satzformen und ✳ Modus

153 Indikativ und Konjunktiv

Der ✳ *Indikativ* ist im L wie im D die neutrale Ausdrucksweise. Diese Verbform besagt: Der Sprecher will, dass das Gesagte als (faktische oder fiktive) Wirklichkeit *aufgefasst wird.*
Der ✳ *Konjunktiv* hat verschiedene Aufgaben. Wichtig ist die Unterscheidung zwischen seinem Gebrauch im Hauptsatz und dem Gebrauch im Nebensatz.

> **!** Der Gebrauch des Konjunktivs ist im L und D teils gleich, teils ist er sehr verschieden. Eine strukturgleiche Wiedergabe des Konjunktivs gibt es beim Irrealis (➔**163**). Sonst ist in jedem Einzelfall zu prüfen, ob indikativische oder konjunktivische Übersetzung angemessen ist. In Nebensätzen steht im D in der Regel der Indikativ.

154 Der Konjunktiv im Hauptsatz

Im Hauptsatz finden sich zwei Verwendungsweisen des Konjunktivs:
1. Konjunktiv als Ausdruck dafür, dass etwas *geschehen soll* (✳ *Sollens-Konjunktiv)*
2. Konjunktiv als Ausdruck dafür, dass es sich bei dem Ausgesagten um eine *subjektive Meinung* handelt (✳ *Subjektivitäts-Konjunktiv)*

Wille und Wunsch: *Sollens-Konjunktiv*

155 ✳ **Aufforderung an die eigene Gruppe** (sog. Coniūnctīvus adhortātīvus)

Eāmus!	*Wir wollen gehen!*
	Lasst uns gehen!
	Gehen wir!

A 1 Diese Aufforderung bezeichnet etwas, das erst sein „soll". „Meiner/unserer Meinung nach *sollten* wir jetzt gehen". Das Sollen geht hier nicht von einer fremden Autorität, sondern von den Betreffenden selbst aus, also: „Wir *wollen* gehen."
A 2 Die Bandbreite dieses „Wir wollen ..." reicht von Suggestion (im Grunde „will" nur einer: der Sprecher ...) bis zum Aussprechen dieses alle „erlösenden Worts": Alle wollen es.

156 ✳ **Aufforderung an andere** (sog. Coniūnctīvus iussīvus)

| **Eātis!** | *Geht jetzt, bitte!* |
| **Eant!** | *Sie sollen gehen!* |

A Der Anstoß wird von außen an die Angesprochenen herangetragen.

Verbot: ☀ **Verneinte Aufforderung** (sog. Coniūnctīvus prohibitīvus) **157**

Grundlegend ist die Unterscheidung von nōn = „*(ist) nicht*" und nē = „*(soll)
nicht*". In allen Fällen, wo etwas nicht geschehen *soll*, steht selbstverständlich
nē.

Nē necāveris!	L Du sollst keinen Mord vollenden/ vollendet haben! Du sollst kein Mörder sein! D *Du sollst nicht töten!*

A Der Sinn dieser verneinten Aufforderung ist:
– du sollst nicht getötet haben;
– du sollst jetzt nicht töten;
– du sollst auch in alle Zukunft nicht töten.
Die Sprache kann nicht alle drei Bereiche zugleich nennen; wenn sie sich hier
auf den ersten beschränkt, so meint sie die andern natürlich mit. Die Perfekt-
form betont den Aspekt der vollendeten Durchführung der verbotenen Tat.

Alternative dazu: **158**

Nōlī necāre! Nōlī turbāre circulōs meōs! Nōlīte tumultuārī!	L „Wolle nicht töten!" D *Du sollst nicht töten. Töte nicht! Störe meine Kreise nicht! Macht keinen Lärm!*

☀ **Erfüllbar gedachter Wunsch**   **159**
(Sollens-Konjunktiv + Subjektivitäts-Konjunktiv)

Der Konjunktiv G I wird hier meist von dem Signalwort utinam (ut) begleitet:

Utinam veniās! **Vīvat, crēscat, flōreat!**	*Hoffentlich kommst du!* (ich per- sönlich halte das für möglich) *Er/sie möge leben, wachsen und gedeihen!*

☀ **Unerfüllbar gedachter Wunsch**   **160**
(Sollens-Konjunktiv + Subjektivitäts-Konjunktiv)

Hier steht der Konjunktiv G II oder V II.

a) Gleichzeitigkeit:

Utinam venīrēs!	*Wenn du doch kämst!* (mitgedacht: aber *leider* muss ich annehmen, dass dies nicht möglich ist)

b) Vorzeitigkeit:

| Utinam vēnissēs! | Wenn du doch gekommen wärst! (mitgedacht: aber das war ja meines Wissens leider nicht der Fall!) |

Möglichkeit – Gedankenspiel: *Subjektivitäts-Konjunktiv*

161 ✳ **Potentialis der Gegenwart** (sog. Coniūnctīvus potentiālis)

Der Sprecher hält die Verwirklichung des Gesagten (subjektiv) für möglich; es *kann* („potest": „Potentialis") seiner Meinung nach möglicherweise eintreten, doch legt sich der Sprecher nicht fest. Verwendet wird der Konjunktiv G I:

| Dīcat aliquis ...
 Sī hoc dīcās, mentiāris. | Es könnte jemand sagen ...
 L „Falls du das sagen solltest, dürftest du wohl lügen."
 D Falls (wenn) du das sagst, lügst du vermutlich/wirst du wohl lügen. |

A In seltenen Fällen kann auch der Konjunktiv V I stehen:

| Dīxerit aliquis ... | „Da könnte jemand gesagt haben" (ergänze: oder im Moment oder demnächst sagen, ➔**157 A**). |

162 ✳ **Potentialis der Vergangenheit**

| Audīrēs tum clāmōrēs hominum. | Du hättest damals das Geschrei der Männer hören können. |

Hier findet sich der Konjunktiv G II, obwohl die Aussage im D vorzeitig formuliert wird. Warum? Die Aussage stellt ein Gedankenspiel dar, das den Hörer in die Zeit des berichteten Geschehens zurückversetzt. Es wird eine *gedankliche* Gleichzeitigkeit zwischen Sprechakt und Vergangenheit hergestellt, also ein „irrealer" Fall.

163 ✳ **Irrealis** (oder Hypotheticus)

| **a) Sī astronauta essem, Mārtem planētam explōrārem.**
 b) Sī tacuissēs, philosophus mānsissēs. | Wenn ich Astronaut wäre, würde ich den Planeten Mars erforschen.
 Wenn du geschwiegen hättest, wärst du Philosoph geblieben. (gemeint: leider hast du den Mund aufgemacht, jetzt ist der Putz ab) |

Der Subjektivitätskonjunktiv findet sich häufig in *Bedingungssatzgefügen*: „wenn – dann". Der Sprecher gibt durch den Gebrauch des Konjunktivs II zu erkennen, dass er ein *reines Gedankenspiel* vornimmt; er rechnet nicht mit dem Eintreten der Bedingung, daher auch nicht mit dem Eintreten der Folge.

Der Konjunktiv G II signalisiert hier Gleichzeitigkeit mit dem *Sprechakt*, bezieht sich also auf die Gegenwart, der Konjunktiv V II auf die Vergangenheit.

> **!** Der Konjunktivgebrauch im irrealen (hypothetischen) Bedingungssatzgefüge ist im L und D sprachgleich.

A 1 Je nach Sprecherabsicht sind auch andere Moduskombinationen im Haupt- und wenn-Satz möglich; dabei ändert sich natürlich der Sinn der Aussage.

A 2 Das Lateinische kennt auch ein Bedingungssatzgefüge mit dem Konjunktiv I: **→161**. Im D wird ein Unterschied zwischen diesem *potentialen* Fall und dem *irrealen* Fall kaum empfunden.

Fragesätze

☀ „Ja-nein-Fragen"

164

Als Fragender kann man sich entweder neutral verhalten (Fall a) oder aber dem Befragten gewissermaßen in den Mund legen, welche Antwort gewünscht ist (Fall b) und c)). Es ist dem Befragten natürlich trotzdem unbenommen, so zu antworten, wie es ihm passt.

a) Domumne venīs?	*Kommst du nach Hause?*
Venīsne?	*Kommst du?*

Die Partikel -ně wird an das *erste* Wort des Fragesatzes angehängt: der Befragte soll gleich „schalten" und bemerken, dass eine Frage an ihn gerichtet wird. Also: „Venīsne Corinthō?" oder „Corinthōne venīs?".

A Das -ne kann jedoch auch wegbleiben. In diesem Fall merkt der Hörer schon am Ton (der Leser am Fragezeichen), dass das Gesagte als Frage gemeint ist.

> **!** Dieses angehängte -ně ist etwas völlig anderes als die Verneinungspartikel ně ‚dass nicht, damit nicht'!

b) Nōnne venīs?	*Kommst du* (etwa) *nicht?*
	(Erwartete Antwort: „Aber doch!")

A Durch Verwendung des negativen „nicht" will der Fragende aus dem Befragten eine positive Antwort „herauskitzeln"; vgl. unser „nicht wahr?"

c) Num venīs?	*Kommst du etwa?*
	(Erwartete Antwort: Ich denke nicht daran!)

89

❋ **Doppelfragen**

Utrum manēs an abīs? **Manēsne an abīs?** **Manēs an abīs?**	L „Welches von beidem (ist der Fall), bleibst du oder gehst du weg?" D *Bleibst du oder gehst du weg?*

Es gibt also drei Möglichkeiten: utrum ... an ...
 -ne ... an ...
 ... an ...

 ❋ **Überlegende Fragen** (sog. Coniūnctīvus dubitātīvus oder dēlīberātīvus)[1] (Sollens-Konjunktiv)

a) Quid faciāmus?	*Was sollen wir tun?*

Sinn: Geschehen *muss* etwas, sonst sind wir verloren; nur: *was?*

b) Quid facerent?	*Was hätten sie tun können/sollen?*

Ein gleicher Gedanke wie in a) wird nachträglich in die Vergangenheit projiziert – Gedankenspiel (➧**162**).

Abhängige Fragesätze: ➧**174**

---

[1]) dubitāre: *zweifeln*; dēlīberāre: *überlegen*

Der Nebensatz

Die ☀ Modi im Nebensatz **167**

Lateinische Nebensätze stehen im Indikativ oder Konjunktiv. Anders als im D ist der Konjunktiv im Nebensatz viel verbreiteter.

Wie im Hauptsatz dient der Konjunktiv auch *im Nebensatz* zum Ausdruck des Sollens und des subjektiven Meinens. Dazu tritt in den Nebensätzen jedoch noch eine **dritte Art der Konjunktivverwendung**, die zwar vom Sollens- und Subjektivitätskonjunktiv ausgegangen ist, sich jedoch so weit davon entfernt hat, dass die ursprüngliche Bedeutung des Konjunktivs nicht mehr erkennbar ist. Dies ist der Fall bei
* konsekutiven und explikativen Nebensätzen;
* der Konjunktion cum mit Konjunktiv;
* konjunktivischen Relativsätzen kausaler Sinnrichtung;
* abhängigen Fragesätzen.
Da der Konjunktiv hier lediglich die **grammatische Abhängigkeit** signalisiert, kann man ihn in diesen Fällen als **„Grammatischen Konjunktiv"** bezeichnen.

A   In dieser Verwendung wird der Konjunktiv in manchen Grammatiken auch **Subjunktiv** genannt.

Der Konjunktiv im deutschen Nebensatz **168**

Aus dem Gesagten ergibt sich schon, dass für den Konjunktiv im lat. Nebensatz im D in der Regel der Indikativ zu setzen ist, manchmal mit Modalverb (sollen) + Infinitiv.

Im Deutschen wird der Konjunktiv (Feinheiten werden hier übergangen) im Nebensatz in folgenden Fällen gesetzt:
1. In *irrealen/hypothetischen Bedingungssätzen* steht verpflichtend der Konjunktiv II (oder Umschreibung „würde + Infinitiv"); der Gebrauch entspricht dem L (➜**163**).
2. In der *berichteten Rede* (indirekten Rede) ist er nicht verpflichtend, aber ein hilfreiches, oft auch notwendiges Ausdrucksmittel (L➜**191**). Hier ergänzen sich die Formen des deutschen Konjunktivs I und II.
   Beispiel: (Zeitungsbericht) *Der Richter führte aus, der Angeklagte habe eine schwere Jugend gehabt. Oft sei er… Seine Freunde hätten ihn…*
3. Der Konjunktiv wird verwendet, wenn die Aussage eines andern als subjektiv/fragwürdig hingestellt werden soll *(Anna erzählt: „Jens sagt, er habe [hätte] die Scheibe nicht eingeworfen")*; dieser Gebrauch vermischt sich mit 2, er existiert manchmal auch im L (➜**177**).

!   Prüfe bei der Übersetzung nach deinem Sprachgefühl, was im D die richtige Ausdrucksweise ist.

Die ☀ Zeitenfolge (Cōnsecūtiō temporum) **169**

Jede Aussage steht in einem bestimmten Zeitverhältnis zum Sprechzeitpunkt (➜ Zeitstrahl **139**): dem der Gleichzeitigkeit, Vorzeitigkeit, Nachzeitigkeit. Jeder *Nebensatz* steht zusätzlich *in einem eigenen Zeitverhältnis* zum Verb des übergeordneten Satzes.

Unter *Zeitenfolge* versteht man die Regelung des Tempus-Gebrauchs, die für den Ausdruck des (Zeit-)Verhältnisses zwischen einem *konjunktivischen Nebensatz* und seinem **ü**bergeordneten **V**erbum **(ÜV)** gilt.

Wie in **39** ausgeführt, unterscheidet der Lateiner zwei scharf voneinander abgesetzte Gruppen von übergeordneten Verben:

- einerseits **Gegenwartstempora** (Präsens und Futur I),
- andererseits **Vergangenheitstempora** (Imperfekt, Perfekt, Plusquamperfekt).

Mit den Gegenwartstempora im übergeordneten Satz können sich nur Konjunktive I, mit den Vergangenheitstempora nur Konjunktive II verbinden. Im Fall der Gegenwartstempora sprechen wir hier von **Tempussystem I**, im Fall der Vergangenheitstempora von **Tempussystem II**.

Je nach Zeitverhältnis zum übergeordneten Verb erfolgt die Wahl der Konjunktive im Nebensatz:

- Nach einem ÜV des Tempussystems I dient zum Ausdruck der

Vorzeitigkeit: Konjunktiv der Vorzeitigkeit I (V I);

Gleichzeitigkeit: Konjunktiv der Gleichzeitigkeit I (G I);

Nachzeitigkeit: Partizip der Nachzeitigkeit Aktiv + sim usw.
(z. B. laudātūrus, -a, -um sim; **→62 A1**)

- Nach einem ÜV des Tempussystems II (Vergangenheitstempora) dient zum Ausdruck der

Vorzeitigkeit: Konjunktiv der Vorzeitigkeit II (V II);

Gleichzeitigkeit: Konjunktiv der Gleichzeitigkeit II (G II);

Nachzeitigkeit: Partizip der Nachzeitigkeit Aktiv + essem usw.
(z. B. laudātūrus, -a, -um essem)

Tempussystem I

ÜV: Gegenwartstempora

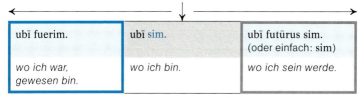

Nescit,
Nesciet,

Er/Sie weiß nicht/wird nicht wissen,

ubī fuerim.	ubī sim.	ubī futūrus sim. (oder einfach: sim)
wo ich war, gewesen bin.	*wo ich bin.*	*wo ich sein werde.*

Tempussystem II

ÜV: Vergangenheitstempora

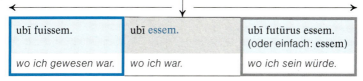

Nesciēbat,
Nescīvit,
Nescīverat,

Er/Sie wusste nicht, hatte nicht gewusst,

ubī fuissem.	ubī essem.	ubī futūrus essem. (oder einfach: essem)
wo ich gewesen war.	*wo ich war.*	*wo ich sein würde.*

A Diese Regeln „befolgen" die lateinischen Autoren im Allgemeinen; im „lebendigen Latein" finden sich aber auch „Abweichungen" davon; diesen nachzugehen ist jeweils reizvoll und lohnend.

Der ※ Relativsatz

Syntaktische Funktionen

170

a) Der lateinische Relativsatz unterscheidet sich grundsätzlich nicht vom deutschen. Er steht gewöhnlich in der syntaktischen *Funktion eines* ※ *Attributs* – wie ein Adjektiv: *der singende Vogel/der Vogel, der singt.*
b) Findet sich zu einem Relativpronomen *kein* Beziehungswort, deutet das darauf hin, dass es sich um einen sog. *Substantivsatz* handelt, der ein Satzglied vertritt; Beispiele:

Subjekt:

Quod dīcis, vērum est.	*Was du sagst, ist wahr.*
	(„Was du sagst" vertritt ein Subjekt
	wie: „Deine Aussage")
Quibus deī favent, beātī sunt.	*Denen die Götter geneigt sind,*
	⟨die⟩ *sind glücklich.*

Objekt:

| Quod dīcis, nōn probō. | *Was du sagst, finde ich nicht gut.* |

171 Der ✳ verschränkte Relativsatz

Verschränkt heißt so viel wie *verbunden mit etwas*: ein Relativsatz kann verbunden sein mit einem weiteren *Nebensatz*, einem *Ablātīvus absolūtus* und einem *AcI.* Letzteres kommt am häufigsten vor.

Admīrāmur Alexandrum,	*Wir bewundern Alexander,*
quem māgnum imperātōrem	von dem *feststeht,* dass *er ein*
fuisse cōnstat.	*großer Feldherr war.*

Die Formel, mit der man einen solchen (mit einem AcI) verschränkten Relativsatz übersetzen kann, lautet also: von dem ..., dass ... . Eine solche Übersetzung ist jedoch nicht immer möglich. Dann empfiehlt sich folgendes Verfahren: Man behandelt den Relativsatz so, als ob er ein selbständiger Satz wäre, und sieht einstweilen das Relativpronomen als *relativischen Anschluss* (➜**172**) an. Nach dieser Hilfsübersetzung versucht man eine „endgültige". Beispiel:

Bellum, quō nihil crūdēlius	*„Der Krieg – wir kennen nichts*
nōvimus, fīnītum est.	*Grausameres* als diesen *– ist*
	beendet worden."
	Der Krieg, der das Grausamste ist,
	was wir kennen, ist beendet.

A Einen Relativsatz, der mit einem (konjunktionalen) Nebensatz verschränkt ist, parodiert Christian Morgenstern am Anfang eines seiner KORF-Gedichte:

KORF erfindet eine Mittagszeitung,   Lateinisch hieße dies etwa:
welche, wenn man sie gelesen hat,   CORFIUS ācta merīdiāna invenit,
ist man satt.   quae sī lēgeris satis habēbis.

172 Der ✳ relativische Anschluss (➜**34**)

Am Anfang eines Satzes (also nach Punkt oder Strichpunkt) ist das Relativpronomen häufig mit einem *Demonstrativpronomen (dieser/diese/dieses* bzw. *der/die/das)* zu übersetzen.

Tempussystem I

ÜV: Gegenwartstempora

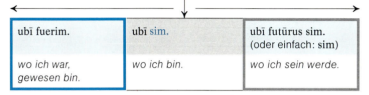

Nescit,
Nesciet,

Er/Sie weiß nicht/wird nicht wissen,

ubī fuerim.	ubī sim.	ubī futūrus sim. (oder einfach: sim)
wo ich war, gewesen bin.	*wo ich bin.*	*wo ich sein werde.*

Tempussystem II

ÜV: Vergangenheitstempora

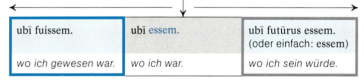

Nesciēbat,
Nescīvit,
Nescīverat,

Er/Sie wusste nicht, hatte nicht gewusst,

ubī fuissem.	ubī essem.	ubī futūrus essem. (oder einfach: essem)
wo ich gewesen war.	*wo ich war.*	*wo ich sein würde.*

A Diese Regeln „befolgen" die lateinischen Autoren im Allgemeinen; im „lebendigen Latein" finden sich aber auch „Abweichungen" davon; diesen nachzugehen ist jeweils reizvoll und lohnend.

Der ✳ Relativsatz

Syntaktische Funktionen

a) Der lateinische Relativsatz unterscheidet sich grundsätzlich nicht vom deutschen. Er steht gewöhnlich in der syntaktischen *Funktion eines ✳ Attributs* – wie ein Adjektiv: *der singende Vogel/der Vogel, der singt*.

b) Findet sich zu einem Relativpronomen *kein* Beziehungswort, deutet das darauf hin, dass es sich um einen sog. *Substantivsatz* handelt, der ein Satzglied vertritt; Beispiele:

Subjekt:

Quod dīcis, vērum est.	*Was du sagst, ist wahr.* ("Was du sagst" vertritt ein Subjekt wie: "Deine Aussage")
Quibus deī favent, beātī sunt.	*Denen die Götter geneigt sind,* ⟨die⟩ sind glücklich.

Objekt:

Quod dīcis, nōn probō.	*Was du sagst, finde ich nicht gut.*

171 Der ✳ verschränkte Relativsatz

Verschränkt heißt so viel wie *verbunden mit etwas*: ein Relativsatz kann verbunden sein mit einem weiteren *Nebensatz*, einem *Ablātīvus absolūtus* und einem *Acl.* Letzteres kommt am häufigsten vor.

Admīrāmur Alexandrum, **quem māgnum imperātōrem** **fuisse cōnstat.**	*Wir bewundern Alexander,* von dem *feststeht,* dass *er ein großer Feldherr war.*

Die Formel, mit der man einen solchen (mit einem Acl) verschränkten Relativsatz übersetzen kann, lautet also: von dem …, dass … . Eine solche Übersetzung ist jedoch nicht immer möglich. Dann empfiehlt sich folgendes Verfahren: Man behandelt den Relativsatz so, als ob er ein selbständiger Satz wäre, und sieht einstweilen das Relativpronomen als *relativischen Anschluss* (➜**172**) an. Nach dieser Hilfsübersetzung versucht man eine "endgültige". Beispiel:

Bellum, quō nihil crūdēlius nōvimus, fīnītum est.	*"Der Krieg – wir kennen nichts Grausameres* als diesen *– ist beendet worden."* *Der Krieg, der das Grausamste ist, was wir kennen, ist beendet.*

A Einen Relativsatz, der mit einem (konjunktionalen) Nebensatz verschränkt ist, parodiert Christian Morgenstern am Anfang eines seiner KORF-Gedichte:

KORF erfindet eine Mittagszeitung, Lateinisch hieße dies etwa:
welche, wenn man sie gelesen hat, CORFIUS ācta merīdiāna invenit,
ist man satt. quae sī lēgeris satis habēbis.

172 Der ✳ relativische Anschluss (➜34)

Am Anfang eines Satzes (also nach Punkt oder Strichpunkt) ist das Relativpronomen häufig mit einem *Demonstrativpronomen* (*dieser/diese/dieses* bzw. *der/die/das*) zu übersetzen.

Equitēs imperātōrī nūntiant auxilia venīre. **Quod cum audīvisset,...**	*Die Reiter melden dem Feldherrn, dass die Hilfstruppen kommen. Als er* das *gehört hatte,...*

A 1 Zur Erklärung: Der „relativische Anschluss" ist nicht eigentlich ein Problem des Lateinischen, sondern des Deutschen. Das Lateinische „erlaubt" Relativsätze noch dort, wo sie im D nicht üblich sind. Der relativische Anschluss kommt im L aber auch nicht beliebig vor: Solche Sätze enthalten kein Attribut im eigentlichen Sinn, sondern *bringen einen weiterführenden Gedanken* in den Ablauf des Textes.

A 2 Vorsicht! Ob wirklich relativischer Anschluss vorliegt, kann man erst wissen, wenn man den *ganzen* Satz ins Auge gefasst hat. Nimm z. B. „Quod dīcis...": Hat man so weit gelesen, so kann man noch auf relativischen Anschluss, aber auch auf quod *„weil"* oder auf faktisches quod *„wenn"* tippen. Beim Weiterlesen kann man jedoch bemerken, dass sich die Sache anders verhält:

Quod dīcis, id vērum est.

Das Relativpronomen bezieht sich in diesem Satz also nicht etwa auf etwas, das im vorangehenden Satz steht, sondern auf das erst später folgende id. Die zugrunde liegende Struktur ist also „id, quod" (➜**26**).

! Als relativischer Anschluss kommen häufiger bestimmte **Wendungen** vor; z. B.:

Quibus rēbus cōgnitīs ...	*Nachdem diese Dinge erkundet waren,...*
	Als dies bekannt wurde,...
Quā rē nūntiātā ...	*Nachdem dies gemeldet worden war,...*
	Auf diese Nachricht hin ...
Quibus rēbus adductus (a)/ commōtus (a) ...	*Durch diese Dinge veranlasst...*
	Unter dem Eindruck dieser Vorgänge...
Quae cum ita sint, ...	*Weil/obwohl sich das so verhält,...*

☀ Konjunktivische Relativsätze

173

Den Relativsatz färbt final,
konsekutiv sowie kausal,
auch konzessiv
der Konjunktiv.

a) Finale Relativsätze (Sollens-Konjunktiv!)

Caesar mīsit, quī nūntiārent ...	*Caesar schickte ⟨Leute⟩, die melden* sollten *, dass ...*

95

b) Konsekutive (explikative) Relativsätze

| Nōn sum is, quī perīculō terrear. | Ich bin nicht *von der Art, dass* ich mich durch Gefahr erschrecken ließe. Ich bin nicht derjenige, der sich durch Gefahr erschrecken lässt. |

| Sunt, quī dīcant ... | Es gibt Leute, die sagen ... |

A Bei diesem und ähnlichen Ausdrücken liegt nicht konsekutives, sondern *explikatives* Verhältnis vor. Was für Leute da „existieren" (sunt), wird mit „quī dīcant" erklärt („expliziert"). Vgl. das explikative ut **183**.

c) Kausale Relativsätze

| Tibi nōn invideō, quī omnibus rēbus abundem. | Ich beneide dich nicht, der ich ja/ da ich an allem Überfluss habe. |

A Will der Autor noch hervorheben, dass kausale Sinnrichtung gemeint ist, so setzt er vor das Relativpronomen noch das Wort quippe. Also: quippe quī „*da* (ich) *ja*".

d) Konzessive Relativsätze

| Cūr tibi invideam, quī omnibus rēbus abundem? | Warum sollte ich dich beneiden, der ich doch (obwohl ich doch) an allem Überfluss habe? |

174 **Der ✳ abhängige Fragesatz**

| Pater nescit, ubī sim. | Der Vater weiß nicht, wo ich bin. |

Abhängige Fragesätze sind an dreierlei zu erkennen:
1. Sie hängen ab von einem Verbum des *Fragens, Sagens und Wissens*;
2. sie werden eingeleitet durch ein Fragewort (oder eine Fragepartikel wie -ne, nōnne, num mit der Bedeutung „*ob*"; auch „Doppelfrage" utrum – an „*ob – oder ob*"):
3. ihr Verbum steht im Konjunktiv.

❋ Konjunktionalsätze

Übersicht · 175

	L	D	
a) Begehrs- und Wunschsätze	Konjunktiv	Indikativ	➔**179**
b) Konsekutivsätze	Konjunktiv	Indikativ	➔**182**
c) Finalsätze	Konjunktiv	Indikativ	➔**181**

	Indikativ	Konjunktiv		
d) Temporalsätze	cum	cum		➔**188/189**
	dum	dum		➔**190**
	dōnec	dōnec		➔**190**
	quoad	quoad		➔**190**
	ut (prīmum)		Indikativ	➔**178**
	ubī (prīmum)			
	antequam/	(antequam/		
	priusquam	priusquam)		

e) Kausalsätze	quod/quia	cum	} Indikativ	➔**189**
	quoniam			
f) Konzessivsätze	quamquam	cum		➔**189**
		ut		
		quamvīs	} Indikativ	
		licet		
g) Adversativsätze		cum		➔**189**

h) Konditionale Satzgefüge (je nach Redeabsicht, auch Kombinationen möglich)	{ Indikativ
	  Konjunktiv I
	  Konjunktiv II
		{ Indikativ
		  Konjunktiv II
			➔**161/163**

Im Folgenden werden die Fälle aus dem Bereich der konjunktionalen Nebensätze beschrieben, die besondere Aufmerksamkeit verdienen. Die übrigen Fälle bereiten in der Regel keine Schwierigkeiten.

Das sog. ❋ faktische quod („dass") · 176

Faktisch bedeutet hier nicht „tatsächlich", sondern *„eine Tatsache betreffend"*. Das „faktische quod" rückt eine Tatsache ins Gesichtsfeld, die vom Sprecher in subjektiver Weise kommentiert wird: Begründung und Zustimmung bzw. Ablehnung und Bedauern.

Bene facis, quod mē adiuvās.	*Du tust gut daran, dass du mich unterstützt.*
	Du tust gut daran, mir zu helfen.

A1 Häufig weist im übergeordneten Satz ein Demonstrativum (z. B. hoc, illud, id) auf das Faktum hin, das dann im quod-Satz genannt wird.

Hoc ūnum in Alexandrō reprehendō, quod īrācundus fuit.	*Dies eine tadle ich an Alexander, dass er jähzornig war.*

97

A 2 Steht quod am *Anfang* des Satzes, so kann es mit *was die Tatsache betrifft, dass* oder *wenn* übersetzt werden.

| (Ariovist zu Caesar:) Quod multitūdinem Germānōrum in Galliam trādūcō, id meī mūniendī causā faciō. | („Was die Tatsache betrifft, dass") *Wenn ich eine Menge Germanen nach Gallien hinführe, so mache ich das, um mich zu schützen.* |

177 Konjunktiv zum Ausdruck ☀ subjektiven Meinens im ☀ abhängigen Aussagesatz

| **Caesar bellum fēcit, quod prōvinciae perīculum imminēret.** | *Caesar fing Krieg an, weil (seiner Meinung nach) der Provinz Gefahr drohe.* |

Mit dem Konjunktiv macht der Sprecher kenntlich, dass er eine Meinung Caesars wiedergibt. Aber:

| …, quod prōvinciae perīculum imminēbat. | *weil (tatsächlich) der Provinz Gefahr drohte.* |

Hier trifft der Sprecher eine *eigene* Feststellung über den Sachverhalt.

A Der konjunktivische quod-Satz ist aus dem Denken des übergeordneten Subjekts heraus zu verstehen; man spricht in solchen Fällen auch von *innerer Abhängigkeit*.

Die Konjunktion ut

ut ist eine der häufigsten Konjunktionen im L. Die Schwierigkeit für uns liegt darin, dass es Sätze mit ganz unterschiedlichen Sinnrichtungen verknüpfen kann. Seine genaue Bedeutung ergibt sich also aus dem *Zusammenhang* und *nicht* aus dem Wort selbst.

178 ut beim Indikativ

❶ ut: *wie*

| Ut sēnsit, ita loquitur. (Die Paradiesschlange zu Adam und Eva:) Eritis sīcut deus. | *Wie er (sie) empfunden hat, so spricht er (sie).* *Ihr werdet sein (so) wie Gott.* |

❷ ut (prīmum): *sobald als*

| Ut (prīmum) hoc comperī (Pf.!), abiī. | *Sobald (als)* (auch: „Wie") *ich das erfahren hatte* (Plpf.!), *ging ich weg.* |

ut beim Konjunktiv

Der ✳ abhängige Wunschsatz (Sollens-Konjunktiv)   **179**

Ein abhängiger Wunschsatz steht als Objekt (bzw. Subjekt) bei Verben des Wünschens:

- ut „dass"
- nē „dass nicht"

Optō, ut valeās.	Ich wünsche, dass es dir gut geht.
Optō, nē in morbum incidās.	L Ich wünsche, dass du nicht in eine Krankheit gerätst.
	D *Ich wünsche, dass du nicht krank wirst.*

Während in diesen Sätzen der abhängige Wunschsatz *Objekt* ist, steht er im folgenden Satz als *Subjekt*:

| Ōrandum est, ut sit mēns sāna in corpore sānō. | *Man muss darum bitten, dass ein gesunder Verstand in einem gesunden Körper sei.* |

180 nē bei Verben des Fürchtens und Hinderns (Sollens-Konjunktiv)

| Vereor, nē veniat. | Ich fürchte, dass er/sie kommt. |
| Impediō eum, nē veniat. | Ich hindere ihn zu kommen. |

Zur Erklärung: Diese zunächst widersinnig erscheinende Verwendung von nē erklärt sich aus der sprachgeschichtlichen Entwicklung. Ursprünglich lagen zwei selbständige Sätze vor:
Vereor. Nē veniat!   *Ich habe Angst. Er/sie soll doch bloß nicht kommen!*
Die beiden Sätze verbanden sich, was dadurch möglich wurde, dass nē zur (unterordnenden) Konjunktion umfunktioniert wurde. So kam es zu einer vom Deutschen abweichenden Ausdrucksweise. Der Deutsche drückt nach einem Verbum des Fürchtens den *Inhalt* bzw. Gegenstand der Furcht aus, der Lateiner den *Wunsch* des Fürchtenden. Ebenso verhält es sich mit den Verben des Hinderns.

A „Ich fürchte, dass er nicht kommt" heißt lateinisch:
Timeō, nē nōn veniat (oder auch: Timeō, ut veniat).
Nōn („ist nicht") steht deshalb, weil ja das nōn venīre = *wegbleiben* ein Faktum ist, das nicht eintreten soll (nē).

181 Der ✳ Zwecksatz (✳ Finalsatz) (Sollens-Konjunktiv)

Final ist von finis 1. „Ende" 2. „*Zweck*, Absicht" abzuleiten. Ein Zwecksatz ist, syntaktisch gesehen, ein Adverbialsatz: eine adverbiale Bestimmung des Zwecks.

ut „*damit, um zu*" (ut fināle)
nē „*damit nicht, um nicht zu*"

| Dō, ut dēs. | Ich gebe, damit du gibst. |

182 Der ✳ Folgesatz (✳ Konsekutivsatz)

Konsekutiv ist von cōnsequī „*folgen*" (sequor, secūtus sum) abzuleiten.
Gemeint ist nicht eine zeitliche Abfolge, sondern eine Folge logisch-kausaler Art.
Grundvorstellung: *von der Art, dass*
ut „*so dass*" (ut cōnsecūtīvum)
ut nōn „*sodass nicht*"

A Nōn („*ist*" *nicht*) deshalb, weil es sich um eine Folge handelt, die *faktisch* nicht eintritt/eingetreten *ist*.

Mōns impendēbat, ut perpaucī iter prohibēre possent.	*Ein Berg hing über, sodass ganz wenige den Vormarsch ver-hindern konnten.*

Die „Folge" wird oft im Vorsatz angekündigt: ita, tam, tantum, tālis usw.

Wenn eine *frühere* Ursache noch in der *Gegenwart* nachwirkt, so bringt der Lateiner dies dadurch zum Ausdruck, dass er – mitten im Satz! – vom Vergangenheitssystem zum Gegenwartssystem übergeht:

Verrēs Siciliam ita vāstāvit, ut ea restituī nōn *possit* (Konj. G I!).	*Verres hat Sizilien so verwüstet, dass es* (jetzt!) *nicht mehr wieder-hergestellt werden kann.*

Das ☀ erklärende ut (☀ ut explicātīvum)

183

ut „*dass*"

Eādem nocte accidit, ut esset lūna plēna.	*In derselben Nacht geschah es, dass Vollmond war.*

A 1 Das *ut explicativum* (von explicāre „*erklären*") wird in manchen Grammatiken als ein verblasstes *ut cōnsecūtīvum* aufgefasst. Festzuhalten ist jedoch, dass es, wie hier, in Fällen gebraucht wird, wo *keinerlei* konsekutives Verhältnis vorliegt. Der ut-Satz ist hier *Subjekt* des Satzes – und nicht etwa eine Folge von accidit (➜ auch **173**). Er gibt den *Inhalt* des übergeordneten Verbums wieder.

Die Konjunktionen quō, quōminus, quīn

Die Konjunktion quō mit Konjunktiv (Sollens-Konjunktiv)

184

quō kann sein: 1. Abl. Sg. m./n. von quī, quae, quod
                2. Fragepronomen: „*wohin?*" (vgl. Quō vādis?)
                3. Konjunktion beim Konjunktiv
                   „*damit dadurch, damit desto*" (= ut eō)

Lēgem brevem esse oportet, quō facilius teneātur.	L Es ist nötig, dass ein Gesetz kurz ist,... D *Ein Gesetz muss kurz sein, damit es desto leichter behalten werden kann.*

101

185 **Die Konjunktion quōminus mit Konjunktiv** (Sollens-Konjunktiv)

quōminus (aus quō minus) ist ebenso zu verstehen wie quō facilius (→**184**): „damit desto weniger" (= ut eō minus).
quōminus steht (in derselben Funktion wie nē) *nach Verben des Hinderns*.

Impediō eum, quōminus veniat.	L „Ich hindere ihn, damit er desto weniger kommt."
	D *Ich hindere ihn zu kommen.*

186 **Die Konjunktion quīn mit Konjunktiv** (Sollens-Konjunktiv)

a) quīn nach verneinten Verben des Hinderns und Zweifelns

Nōn impediō eam, quīn veniat.	*Ich hindere sie nicht, zu kommen.*
Nōn dubitō, quīn veniat.	*Ich zweifle nicht (daran), dass er/sie kommt.*

A Zur Erklärung: quīn ist von Hause aus ein Fragewort und bedeutet: „warum nicht?" Wie bei timēre, nē, so lagen auch hier ursprünglich zwei selbständige Sätze vor:
Nōn impediō eum. Quīn veniat? *Ich hindere ihn nicht. Warum sollte er nicht kommen?* (Coniunctivus deliberativus)

b) quīn nach verneintem übergeordneten Satz

Nihil tam arduum est, quīn hominēs temptent.	L Nichts ist so schwierig – warum sollten es die Menschen nicht versuchen?
	D *Nichts ist so schwierig, dass es die Menschen nicht versuchen.*
… fuit, quīn hominēs temptārent.	*… war …, dass die Menschen es nicht versucht hätten.*

A Ungefähr dieselbe Bedeutung hat ein konjunktivischer Relativsatz mit konsekutiver Sinnrichtung (→**173**):

Nihil tam arduum est, quod hominēs nōn temptent.	*Nichts ist so schwierig, dass es die Menschen nicht versuchen.*

187 **Die Konjunktion cum**

Die Konjunktion cum (nicht zu verwechseln mit der Präposition cum „mit") ist ein Mehrzweckwort wie ut und is. Von Hause aus ist cum eine *temporale Konjunktion*. Nun machten sich die Menschen im Lauf der Jahrhunderte Gedanken über die Zeit und über zeitliche Abfolge; dabei fanden sie heraus, dass zeitliche Abfolge nicht immer eine Angelegenheit des Zufalls ist, dass es vielmehr Fälle gibt, wo sich etwas Folgendes kausal bzw. logisch aus dem Vorhergehenden ergibt, z. B. der Donner aus dem Blitz.

Um diese beiden Sichtweisen zu unterscheiden, die temporale und die kausale, benützte der Lateiner ein ebenso einfaches wie wirksames Mittel:
bei *temporaler* Sicht verband er cum mit dem *Indikativ*,
bei *kausaler* Sicht mit dem *Konjunktiv*.

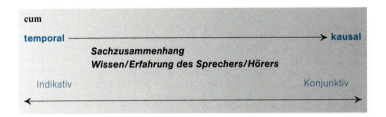

❶ cum mit Indikativ

Bedeutung: rein temporal

1. Bezug auf einmalige Ereignisse/Handlungen *(cum temporāle)*

a) auf Vergangenes bezogen: *damals, als*

| **Cum Caesar in Galliam vēnit, ibi duae factiōnēs erant.** | (Damals), *als Caesar nach Gallien kam, gab es dort zwei Parteien.* |

A 1 An dieser Parteiung war Caesar so unschuldig wie ein neugeborenes Kind. Doch schon wenige Zeit nach seinem Erscheinen in Gallien konnte man sagen:

| Cum Caesar in Galliam venīret, … | *Als/weil Caesar nach Gallien kam, …* (→**189**) |

A 2 Normalerweise enthält ein Hauptsatz die Hauptinformation, der zugehörige Nebensatz eine ergänzende Information. Stellt man die Informationen um, ergibt sich eine besondere Wirkung („*cum inversīvum*", von invertere „umstellen"):

| **Omnēs aderant, cum cōnsul intrāvit/intrat.** | *Alle waren da, als* (plötzlich) *der Konsul eintrat.* |

(Hauptsatz: unabgeschlossene Handlung, Schilderung, daher Imperfekt; Gliedsatz: abgeschlossene, punktuelle Handlung, daher Perfekt oder dramatisches Präsens)

b) auf Gegenwart und Zukunft bezogen: *dann, wenn*

| **Cum Rōmam vēnerō, triumphum vidēbō.** | *Wenn ich nach Rom komme, werde ich mir den Triumphzug ansehen.* |

2. Bezug auf zeitlich wiederholte Ereignisse/Handlungen
(*cum iterātīvum*, von iterum „*zum wiederholten Male*")

a) Auf Vergangenes bezogen: (jedesmal) *wenn*

Sulla tunc erat violentissimus, cum faciem eius sanguis invāserat.	*Sulla war (jedesmal) dann am gewalttätigsten, wenn Blut in sein Gesicht gedrungen/wenn er rot angelaufen war.*

b) Auf Gegenwart und Zukunft bezogen: (immer) *wenn*

Cum tē aliquis laudat, iūdex tuus esse mementō.	*Immer, wenn dich jemand lobt, denke daran, dein eigener Richter zu sein!*
Cum duo idem faciunt, nōn est idem.	*Wenn zwei dasselbe tun, ist es nicht dasselbe.*

Hier wird nicht auf einen speziellen Zeitpunkt in Gegenwart oder Zukunft Bezug genommen; daraus ergibt sich zeitlose Gültigkeit.

189 ② **cum mit Konjunktiv**

Bedeutung: temporal *mit Mehrfachwahl*

1. *während/nachdem* bzw. *als* 2. *weil* 3. *obwohl* 4. *wogegen, während*

Zum Zusammenhang von temporaler und kausaler Sinnbeziehung ➡**187**. Konzessive und adversative Deutung sind nur spezifische Spielarten der kausalen: Gegengrund bzw. Gegensatz. Zur Abfolge temporal – kausal – konzessiv ➡ auch **131**.
Welche Beziehung im Einzelfall vorliegt, lässt das Lateinische also offen; es bleibt dem Hörer/Leser überlassen, aus dem Textzusammenhang zu ersehen, in welcher Beziehung der cum-Satz zum übergeordneten Satz steht. Das Deutsche jedoch muss diese Beziehung in der Regel jeweils ausdrücklich *nennen* (vgl. auch Abl. abs. und Prädikativum!).

1. cum *in temporaler Sinnbeziehung* („cum historicum")

Cum Persae appropinquārent, Athēniēnsēs urbem suam relīquērunt.	*Während/als die Perser sich näherten, verließen die Athener ihre Stadt.*

2. cum *in kausaler Sinnbeziehung* („cum causāle")

Cum Persae appropinquārent, ...	*Weil die Perser sich näherten, ...*

Die Deutung 1 oder 2 ergibt sich aus dem Zusammenhang. Natürlich schwingt bei diesem Satz gegebenenfalls auch im D kausaler Sinn mit, wenn man mit „als" übersetzt.

3. cum *in konzessiver Sinnbeziehung* („cum concessīvum")

Cum Persae appropinquārent, nōnnūllī Athēniēnsēs urbem suam nōn reliquērunt.	*Obwohl die Perser sich näherten, verließen einige Athener ihre Stadt nicht.*

Oft findet sich hier ein tamen im übergeordneten Satz, also: „..., tamen nōn-nūllī ... relīquērunt."

4. cum *in ✳ adversativer Sinnbeziehung* („cum adversātīvum")
(von adversus *„gegensätzlich"*: einen Gegensatz ausdrückend)

Rōmānīs multī equitēs erant, cum hostēs paucōs habērent.	*Die Römer hatten viele Reiter, wogegen/während die Feinde (nur) wenige hatten.*

Die Konjunktion dum 190

Die Konjunktionen dum, dōnec, quoad bedeuten: 1. *solange als*
2. *solange bis*
Hat dum jedoch die Bedeutung *„während"*, so steht ohne Rücksicht auf das Tempus des übergeordneten Verbums der *Indikativ Präsens*.

Dum haec Rōmae geruntur, Cicerō in Siciliam profectus est.	*Während das in Rom geschah, brach Cicero nach Sizilien auf.*

A Bei finalem „Unterton" steht der Konjunktiv, z. B.

Cicerō exspectāvit, dum haec Rōmae gererentur.	*Cicero wartete, bis (endlich) diese Dinge in Rom geschähen/geschahen.*

Die ✳ berichtete Rede (Ōrātiō oblīqua = indirekte Rede) 191

Die berichtete Rede enthält meistens keine wörtliche Wiedergabe eines Textes in grammatisch anderer Form, sondern sie fasst das Wiedergegebene in geraffter Form zusammen.
In gehobener Sprache oder Fachsprache (z. B. gerichtliche Anklage) wird im D durchgehend der Konjunktiv verwendet. In der Umgangssprache, auch der Zeitungssprache, benützt man Indikativ oder Indikativ mit Konjunktiv gemischt. Dann wird durch andere Mittel klargestellt, dass es sich um berich-

105

tete Rede handelt, z. B. durch Wendungen wie „nach seiner Aussage", „wie sie meinte" u. Ä.

Quīntus Tullius Cicerō Mārcō frātrī scrīpsit	*Quintus Tullius Cicero schrieb seinem Bruder Markus,*
sē ❻ Nōnīs Iūliīs in Britanniam profectum esse. ❶	*er sei an den Nonen des Juli (7. Juli) nach Britannien aufgebrochen.*
Mitteret ❸ sibi ❻ libellōs, quōs ipse ❽ petīvisset. ❺	*Er solle ihm die Schriften schicken, um die er gebeten habe.*
Cūr sibi ❻ nōndum scrīpsisset? ❹	*Warum er ihm noch nicht geschrieben habe?*
Quid esse gravius quam procul ā patriā nūntiīs carēre? ❷	*Was sei schwerer als fern von der Heimat ohne Nachricht zu sein?*
Quod rēs ita sē ❼ habēret, ❺ sē ❻ eum ōrāre, ❶ ut sibi ❻ quam prīmum scrīberet. ❺	*Weil die Sache sich so verhalte, bitte er ihn ihm möglichst bald zu schreiben.*

Für die berichtete Rede gilt also:

1. *Hauptsätze* der direkten Rede werden in folgender Weise verändert:
   ❶ *Aussagesätze:* AcI
     (wie auch sonst nach einem Verbum des Sagens; ➧**118**)
   ❷ Eine rhetorische Frage ist lediglich eine in Frageform gekleidete Aussage; daher ebenfalls AcI.
   ❸ *Aufforderungssätze:* Konjunktiv (Sollens-Konjunktiv)
   ❹ *Fragesätze:* Konjunktiv (Subjektivitäts-Konjunktiv)

2. ❺ Alle *Gliedsätze:* Konjunktiv (Subjektivitäts-Konjunktiv)

3. ❻ Die *Reflexivpronomina* suī, sibi, sē beziehen sich meist auf das übergeordnete Subjekt, also den Sprecher/Schreiber;
   ❼ sie können sich jedoch auch auf das Subjekt des Gliedsatzes beziehen.
   ❽ Aufs übergeordnete Subjekt bezieht sich auch das Pronomen ipse.

4. Für die indirekte Rede gelten die *Regeln der Consecutio temporum:* ➧**169**.

106

Register

Dieses Register dient auch als Fein-Inhaltsverzeichnis. Die blauen Ziffern, z. B. **13**, bezeichnen die einzelnen Abschnitte, nachfolgende Ziffern oder Buchstaben bezeichnen die entsprechenden Absätze des jeweiligen Abschnitts; A steht für die „Anmerkungen".

A

Abhängiger Aussagesatz im Konj. **177**

Abhängiger (indirekter) Fragesatz **174**

Abhängiger Wunschsatz **179**

Ablativ **94 – 109**

Aufgaben **94**

1. Abl. des Mittels und Werkzeugs (Abl. instrumentalis od. instrumenti) **94 – 100**

bei Verben wie uti, frui usw. **96**; bei Adjektiven **97**; Abl. des Unterschieds (Abl. mensurae) **98**; Abl. des Werts (Abl. pretii) **99**; Abl. der Beziehung (Abl. limitationis) **100**; Abl. der Gemeinschaft (Abl. sociativus) **94, 101 – 103**; Abl. der Art und Weise (Abl. modi) **102**; Abl. der Eigenschaft (Abl. qualitatis) **103**

2. Abl. der Trennung und des Ausgangspunkts (Abl. separativus) **94, 104 – 106**

bei Ortsnamen **104**; bei Adjektiven und Verben **105**; Abl. des Vergleichs (Abl. comparationis) **106**

3. Abl. des Orts und der Zeit (Abl. loci/temporis od. Abl. locativus) **94, 107 – 109**

bei Ortsnamen **107**; bei Zeitangaben **109**

Ablativus absolutus (Abl. abs.) **130 – 133**

als satzwertige Konstruktion **130**

bestehend aus Subst. + Part. **130** a; Subst. + Adj. **130** b; Subst. + Subst. **130** c

Übersetzungsmöglichkeiten **131, 133**

Sinnrichtungen – zur Erklärung **132**

AcI/Accusativus cum Infinitivo **118 – 122**

zur Erklärung des AcI als satzwertige Konstruktion **121**

Reflexivum als Akkusativsubjekt **119**

AcI-Auslöser **120**

als Subjekt bzw. Objekt **120**

„Unvollständiger" AcI **122**

AcP/Accusativus cum Participio **79**

Adjektiv

attributiv **70, 127**; prädikativ **127, 129** b

Adverb des Adjektivs **20 – 22**

a-/o-Dekl. **20**; i-Dekl. **20**; Komparativ **21**; Superlativ **22**

Adverbiale Bestimmung

Abl. abs. **130**; Genitiv des Werts (Gen. pretii) bei emere, vendere usw. **93**

adversativ: Begriffserklärung **189**.4

Adversativsätze **175** g

Akkusativ **75 – 79**

Aufgaben **75**; Akk. der Ausdehnung und der Richtung **76**; Doppelter Akk. **77, 79**; Akk. mit Partizip (AcP) **79**; Akkusativ-Subjekt (im AcI) **118, 121**

(ali)quis, (ali)qui **36** a/b

Apposition **128**

atque/ac nach Ausdrücken der Gleichheit und Verschiedenheit **28**

Attribut

Gen. der Eigenschaft (Gen. qualitatis) **91** a; Gen. des Werts (Gen.

pretii) **92** a; Abl. der Eigenschaft (Abl. qualitatis) **103** a
attributiv: Begriffserklärung **124**; attr. Adjektiv **127**; Partizip **124 – 126, 129**
Aussprachevokal **15**.3, **48** A 1

B

Bedingungssatzgefüge (konditionales Satzgefüge) **175** h
mit Konjunktiv: potential **161**; irreal (hypothetisch) **163**
Begehrssätze (abhängige Wunschsätze) **175** a
Beiordnung (Übers. von Partizipialkonstr.) **133**
Berichtete Rede (indirekte Rede, oratio obliqua) **191**
Betonungsregeln **5**
Betroffener (beim Passiv) **149**

C

causā beim Gen. **110** A 2
Coniunctivus . . . : siehe: Konjunktiv
Consecutio temporum (Zeitenfolge) **39, 169**
Constructio ad sensum **71**
cum (Konjunktion) **187 – 189**
zur Erklärung **187**
1. mit Indikativ **188**
Bezug auf einmalige Ereignisse (cum temporale) **188**.1; Umstellung der Hauptinformation (cum inversivum) **188**.1; Bezug auf zeitlich wiederholte Ereignisse (cum iterativum) **188**.2
2. mit Konjunktiv **189**
in temporaler Sinnbeziehung (cum historicum) **189**.1; in kausaler Sinnbeziehung (cum causale) **189**.2; in konzessiver Sinnbeziehung (cum concessivum) **189**.3; in adversativer Sinnbeziehung (cum adversativum) **189**.4

D

Dativ **80 – 84**
Aufgaben **80**; Dat. des Besitzers (Dat. possessivus) **81**; Dat. des Vorteils und Nachteils (Dat. commodi/incommodi) **82**; Täterdativ

(Dat. auctoris) **83, 136**; Dat. des Zwecks und der Wirkung (Dat. finalis) **84**; Doppelter Dativ **84** a
Deklinationen
Substantive, Übersicht **6**
Blick auf alle Deklinationen **15**; a-Dekl. **7**; o-Dekl. **8, 10**; „Dritte Dekl." **11 – 12**; konsonant. Dekl. **11**; i-Dekl. **12** a; Mischklasse **12** c; u-Dekl. **13**; e-Dekl. **14**
Adjektive:
a-/o-Dekl. **9**; kons. Dekl. **11** b; i-Dekl. **12** b
Pronominaladjektive **23**
Pronomina **24 – 36**
Demonstrativpronomina **26 – 33**
Deponentien **63**
donec (Kjtion) **190**
Doppelfragen **165**; im abh. Fragesatz **174**
Dramat. Infinitiv (Inf. historicus) **116**
Dramat. Präsens (Praes. historicum) **140**
dum (Kjtion) **190**

E

Elativ **19**
esse (sum, fui) **40, 41**
mit Gen. des Besitzers als PN **87**; mit Bereichsgenitiv als PN **90**; mit Gen. der Eigenschaft als PN **91** b; mit Gen. des Werts als PN **92** b; mit doppeltem Dativ **84** a; mit Abl. der Eigenschaft als PN **103**; mit Gerundivum als PN **136**
Infinitive **40**
explikativ: Begriffserklärung **183**

F

faktisches quod **176**
ferre (fero, tuli, latum) **68**
fieri (fio, factus sum) **69**
final (Begriff) **181**
Finalsätze/Zwecksätze **175** c, **181**
finit (Begriff) **115**
Folgesätze (Konsekutivsätze) **182**
Formenbildung: synthetisch/analytisch **37**
Fragepronomina:
adjektivisch **34**; substantivisch **35**

Fragesätze:
"Ja-nein-Fragen" **164**; Doppelfragen **165**; Überlegende Fragen (Coni. dubitativus/deliberativus) **166**; Abh. Fragesätze **174**
Futur I **146**
Futur II (Perfektfutur) **57, 147**

G
Gegenwartstempora **39, 169**
Gedankenspiel (im Irrealis) **163**
Genitiv **85 – 93**
Aufgaben **85**; Teilungsgenitiv (Gen. partitivus) **24** A 1, **86**; Gen. des Besitzers (Gen. possessivus) **87**; Gen. subiectivus und obiectivus **88**; Gen. bei Adjektiven **89**; Bereichsgenitiv als PN bei esse **90**; Gen. der Eigenschaft (Gen. qualitatis) **91**; Gen. des Werts (Gen. pretii) **92 – 93**
Gerundium (deklinierter Infinitiv) **60, 134**
Gerundivum **62 – 63, 134 – 138**
beim Deponens **63**; Bildungsweise **134**; als Verbaladjektiv **134**; attr. gebraucht **135**; als PN bei esse **136**; prädikativ bei Verben des Übergebens **137**; unpersönlicher Gebrauch **138**; mit Täterdativ (Dat. auctoris) **83, 136**
Gleichzeitigkeit **38, 39, 59, 62, 63, 169**
Gliedsatz: siehe Nebensatz
Grammatischer Konjunktiv:
Bedeutungserklärung **167**; Vorkommen im Nebensatz **173** b – d, **174, 182, 183, 189**
gratiā beim Gen. **110** A 2

H
hic, haec, hoc **29, 32**
Hilfsverb esse **40, 41**
Hintergrund (Imperfekt) **144**
Hypotheticus (Irrealis) **163**

I
idem, eadem, idem **27**
ille, illa, illud **30, 32**
Imperfekt **144**
Indikativ (im Unterschied zum Konjunktiv) **153**

Indirekte Rede (Oratio obliqua) **191**
infinit (Begriff) **59, 115**
Infinite Formen des Verbums **59 – 62**
Infinitiv
der Gleichzeitigkeit **59**
dekliniert (Gerundium) **117, 134**
der Vorzeitigkeit **59**
der Nachzeitigkeit **59, 61** A
Dramat. Infinitiv (Inf. historicus) **116**
Akkusativ mit Infinitiv (AcI) *(siehe auch dort)* **118 – 122**
Infinitiv-Prädikat im AcI **118, 121**
Inhaltssatz **120**
Innere Abhängigkeit **177** A
ipse, ipsa, ipsum **33**
ire (eo, ii, itum) **67**
Irrealis (Hypotheticus) **163**
is, ea, id **26**
iste, ista, istud **31, 32**

K
Kasuslehre **74 – 114**
Kausalsätze **175** e
Klammerstellung **73**
Komparativ: Bedeutung **18**
der a-/o-Dekl. **11, 16**; der i-Dekl. **11, 17**; Adverb **21**
konditional (Begriff) **131**
konditionale Satzgefüge (Bedingungssatzgefüge) **161, 163, 175** h
Kongruenz/KNG-Kongruenz **70 – 73**
Konjugationen **42 – 58**
Präsenssystem: Übersicht **52, 53**
a-Konj. **42, 44**; e-Konj. **43, 45**; konsonant. Konj. **46, 49**; gemischte Konj. **47, 50**; i-Konj. **48, 51**
Perfektsystem: Übersicht **41, 54**
Perfektbildung im Aktiv **54, 55**
Perfekt Passiv **56**
Futur II (Perfektfutur) **57, 147**
Umschreibende Konjugation (Coniugatio periphrastica) **62** A 1
Deponentien **63**

109

Verben mit Besonderheiten (Verba anomala) **40, 64 – 69**
Konjunktionalsätze **161, 163, 175 – 190**; Übersicht **175**
Konjunktiv im Hauptsatz **153 – 157, 159 – 163, 166**
Aufforderung an die eigene Gruppe (Coni. adhortativus) **155**; Aufforderung an andere (Coni. iussivus) **156**; verneinte Aufforderung/Verbot (Coni. prohibitivus) **157**, erfüllbar gedachter Wunsch **159**; unerfüllbar gedachter Wunsch **160**; Potentialis der Gegenwart (Coni. potentialis) **161**; der Vergangenheit **162**; Irrealis der Gegenwart und Vergangenheit **163**; Überlegende Frage (Coni. dubitativus/deliberativus) **166** (in quin-Sätzen: **186** A)
Konjunktiv im Nebensatz
Grammatischer Konjunktiv (Bedeutungserklärung) **167**; Konj. im deutschen Nebensatz **168**
Die Zeitenfolge (Consecutio temporum) **169**
potentiale Bedingungssätze **131**; irreale Bedingungssätze **133**; konjunktivische Relativsätze **173**; abhängige Fragesätze **174**; Konj. im abh. Aussagesatz **177**; abh. Wunschsätze **179**; nē bei Verben des Fürchtens und Hinderns **180**; Zwecksätze/Finalsätze **181**; Folgesätze/Konsekutivsätze **182**; erklärendes ut/ut explicativum **183**
Konjunktion cum **189**; quo **184**; quominus **185**; quin **186**; dum, donec, quoad (final) **190** A
Berichtete Rede (indirekte Rede, Oratio obliqua) **191**
Konnotation **2**
konsekutiv (Begriff) **182**
Konsekutivsätze (Folgesätze) **175** b, **182**
Konstruktion nach dem Sinn (Constructio ad sensum) **71**
Kontext **2**

konzessiv (Begriff) **131**
Konzessivsätze **175** f
L
Lokativ auf -i **108**
M
malle (malo, malui) **66**
Medium **63, 150**
modal (Begriff) **131** A
Modus **38, 153**; im Nebensatz **167**
N
Nachzeitigkeit **59, 62, 63, 169**
-nd-Formen **134**
nē: Unterschied zwischen ne und non **157**
im Hauptsatz **157**; im Nebensatz: abh. Wunschsätze **179**, bei Verben des Fürchtens und Hinderns **180**, in Zwecksätzen/Finalsätzen **181**
-nē:
in „Ja-nein-Fragen" **164** a; in Doppelfragen **165**; in abh. Fragesätzen **174**
Nebensatz: bei Übersetzung des präd. Partizips und Abl. abs. **129 – 131, 133**
noli/nolite **66, 158**
nolle (nolo, nolui) **66**
Nomen im Satz **74 – 114**
nominale Verbformen (Begriff) **115**
Nominativ mit Infinitiv (Nominativus cum Infinitivo, NcI) **123**
Doppelter Nominativ **78**
non: Unterschied zwischen non und ne **157**; timeo, ne non **180** A; non im Folgesatz (Konsekutivsatz) **182**
nonne: in „Ja-nein-Fragen" **164** b; in abh. Fragesätzen **174**
num: in „Ja-nein-Fragen" **164** c; in abh. Fragesätzen **174**
O
Oratio obliqua/Berichtete Rede **191**
P
Partizip **54, 62 – 63, 124 – 126, 129 – 133**
drei Aufgaben **62**

Part. der Vorzeitigkeit **54, 62, 63**;
Gleichzeitigkeit **62, 63**; Nachzeitigkeit **62, 63**
attributiver/prädikativer Gebrauch **124 – 126**
prädikativ als satzwertige Konstruktion **124 – 126, 129** a, **130**.2
Participium coniunctum **126** A 1
Übersetzungsmöglichkeiten **131, 133**; Sinnrichtungen **132**
Partizipialkonstruktionen **124 – 133**
Übersetzungsmöglichkeiten **131, 133**; Sinnrichtungen **132**
Passiv **37, 39, 58, 149 – 152**
Vorgangspassiv **58**; Zustandspassiv **58**; Urheber und Betroffener **149**; Täterverschweigung **149**; reflexiv aufzufassen **150**; dt. aktivisch **151**; dt. ‚es' oder ‚man' **152**
Perfekt
Perfektbildung **54**
Tempusverwendung, Übersetzung **141 – 143**
Perfekt futur **57, 147**
Plusquamperfekt: Verwendung **145**
posse (possum, potui) **64**
Possessivpronomina **25, 26** ③
Potentialis der Gegenwart **161**; der Vergangenheit **162**
prädikativ/Prädikativum (Begriff) **124**; Kongruenz **70**
präd. Partizip **124 – 126, 129** a; Übersetzung **131, 133**; Sinnrichtungen **132**
präd. Adjektiv **127, 129** b; Substantiv **128, 129** c; Gerundivum **137**
Prädikatsnomen: Kongruenz **70**
Präpositionen **110**
Präpositionaler Ausdruck (Übers. von Partizipialkonstr.) **133**
Präpositionalattribut **114**
Präpositionalobjekt **111**
Präsens: Tempusverwendung **140**; Dramat. Präsens (Praesens historicum) **140**

Präsentisches Perfekt **143**
Präteritum **141, 143, 144**
prodesse (prosum, profui) **65**
Pronomina **24 – 36**
Personalpronomina **24, 26** ②, reflexiv: **24** A 2, **119**
Possessivpronomina **25**, nicht-reflexiv: **26** ③
Demonstrativpronomina **26 – 33**
Relativpronomina **34**
Fragepronomina **34 – 35**
Unbestimmte Pronomina (Indefinitpronomina) **36**
Pronominaladjektive **23**

Q

qui, quae, quod **34**
quin (Kjtion mit Konj.) **186**
quippe **173** c
quisquam, quicquam **36** c
quo (Kjtion mit Konj.) **184**
quoad (Kjtion) **190**
quod (faktisches quod) **176**
quominus (Kjtion mit Konj.) **185**

R

Relativischer Anschluss **34** c, **172**
Relativsätze **170 – 172**
1. Indikativische Relativsätze als Attribut **170**; als Objekt/Subjekt **170**; verschränkter Relativsatz **171**; relativischer Anschluss **34** c, **172**
2. Konjunktivische Relativsätze **173**
Rhotazismus **41** A

S

Satzlehre (Syntax) **70 – 191**
Satzwertige Konstruktionen
Acl **118 – 122**; prädikatives Partizip **126, 129** a, **131**; Ablativus absolutus (Abl. abs.) **130, 131**
Sinnrichtungen
bei den Partizipialkonstruktionen **132**; bei der Konjunktion cum **187 – 189**; bei der Konjunktion ut **178 – 183**; bei konjunktivischen Relativsätzen **173**
Sollens-Konjunktiv
Bedeutungserklärung **154**; im Hauptsatz **155 – 157, 159 –**

160, 166; im Nebensatz **173** a, **179 – 181, 184 – 186, 190** A, **191** ③

Sprechakt **139 – 142, 147, 163**

strukturgleiche Wiedergabe **3**

Subjektivitäts-Konjunktiv
Bedeutungserklärung **154**; im Hauptsatz **159 – 163**; im Nebensatz **177, 191** ④ ⑤

Subjunktiv **167** A

Superlativ: Bedeutung **19**
a-/o-Dekl. **16**; i-Dekl. **17**; Adverb **22**

Supinum **61**

T

Täterverschweigung (beim Passiv) **149**

Temporalsätze **175** d

Tempussystem **37 – 39, 139 – 147, 169**

Tempusverwendung
Präsens **140**; Perfekt **141 – 143**; Imperfekt **144**; Plusquamperfekt **145**; Futur I **146**; Futur II (Perfektfutur) **147**; Textbeispiele **148**

Textverständnis: Voraussetzungen **1 – 2**

U

Übergeordnetes Verbum (ÜV) **38, 39, 59, 62, 169**

ullus (a, um) **36** c

Umschreibende Konjugation (Coniugatio periphrastica) **62** A 1

Unbestimmte Pronomina (Indefinitpronomina) **36**

Unpersönliche Ausdrücke (als Acl-Auslöser) **120**

Unterschiedl. Ortsbestimmungen L – D **112, 113**

ut: 1. beim Indikativ **178**
2. beim Konjunktiv
Abh. Wunschsätze **179**; bei Verben des Fürchtens **180** A; Zwecksätze/Finalsätze (ut finale) **181**; Folgesätze/Konsekutivsätze (ut consecutivum) **182**; erklärendes ut (ut explicativum) **183**

uterque **23**

Urheber der Handlung (beim Passiv) **149**

utrum – an: in Doppelfragen **165**; in abh. Fragesätzen **174**

V

velle (volo, volui) **66**

Verbaladjektive
Partizip: Formen **62**; Verwendung im Satz **124 – 126, 129 – 133**
Gerundivum: Formen **62**; Verwendung im Satz **134 – 138**

Verbalsubstantive **59 – 61**
Infinitive: Formen **59**; deklinierter Infinitiv (Gerundium) **60**; Verwendung im Satz **115 – 123**
Supinum **61**

Verbum finitum/infinitum (Begriffe) **115**
Verbum finitum: Formen **37 – 58**
Präsens-System **37, 38**; Perfekt-Aktiv-System **37 – 41**; Perfekt-Passiv-System **37, 38, 40**; Verwendung im Satz **139 – 191**
Verbum infinitum: Formen **59 – 63**
Verwendung im Satz **115 – 138**

Verbot **157 – 158**

Verbstämme **37 – 38**

Vergangenheitstempora **39, 169**

Verschränkte Relativsätze **171**

Vorgangspassiv **58**

Vorzeitigkeit **38, 39, 59, 62, 63, 169**

W

Wunsch, im Hauptsatz: erfüllbar gedacht **159**, unerfüllbar gedacht **160**; im Nebensatz: abhängiger Wunschsatz **179**

Z

Zeitenfolge **39, 169**

Zeitverhältnis: beim Konjunktiv **38, 39, 169**; beim Infinitiv **38, 59, 118, 119, 123**; beim Partizip **38, 62, 63, 131, 132**

Zeitstrahl **59, 139**

Zustandspassiv **58**

Zwecksatz/Finalsatz **175** c, **181**

112